历史的丰碑

丛书

古罗马帝国的奠基人
恺　撒

董小川　编著

吉林人民出版社

图书在版编目(CIP)数据

古罗马帝国的奠基人——恺撒 / 董小川编著 . -- 长春：吉林人民出版社，2011.4（2025.4 重印）

（历史的丰碑丛书）

ISBN 978-7-206-07586-5

Ⅰ.①古… Ⅱ.①董… Ⅲ.①恺撒，G.J.（前 100 ~ 前 44）—生平事迹—青年读物②恺撒，G.J.（前 100 ~ 前 44）—生平事迹—少年读物 Ⅳ.① K835.467=2

中国版本图书馆 CIP 数据核字 (2011) 第 039438 号

古罗马帝国的奠基人　恺撒
GULUOMA DIGUO DE DIANJIREN　KAISA

编　　著:董小川

责任编辑:周立东　　　　封面设计:孙浩瀚

制　　作:吉林人民出版社图文设计印务中心

吉林人民出版社出版 发行(长春市人民大街7548号　邮政编码:130022)

印　刷:北京一鑫印务有限责任公司

开　本:787mm×1092mm　　1/16

印　张:8　　　　字　数:72千字

标准书号:ISBN 978-7-206-07586-5

版　次:2011年4月第1版　　印　次:2025年4月第3次印刷

定　价:35.00元

如发现印装质量问题,影响阅读,请与出版社联系调换。

编者的话

"欲知大道，必先为史"。

回溯人类的足迹，人们首先看到的总是那些在其各自背景和时点上标志着社会高度和进步里程的伟大人物。他们是历史的丰碑，是后世之鉴。

黑格尔说："无疑，一个时代的杰出个人是特性，一般说来，就反映了这个时代的总的精神。"普希金说："跟随伟大人物的思想是一门引人入胜的科学。"

以史为鉴，面向未来。作为21世纪的继往开来者，我们觉得，在知史基础上具有宽广的知识结构、开阔的胸襟和敏锐的洞察力应是首要的素质要求，而在历史的大背景

中追寻丰碑人物的思想、风范和足迹，应是
知史的捷径。

　　考虑到现代人时间的宝贵，我们期盼
以尽量精短的篇幅容纳尽量丰富的信息，展
现尽量宏大的历史画卷和历史规律。为此，
我们编撰了这套丛书。

　　编撰丛书的过程，也是纵览历代风云、
伴随伟人心路、吸收历史营养的过程。沉心
于书页，我们随处感受着各历史时期伟大人
物所体现的推动历史进步的人类征服力量。
我们随着伟人命运及事业的坎坷与辉煌而悲
喜，为他们思想的深邃精湛、行为的大气脱
俗而会意感慨、拍案叫绝。

　　然而，在思想开始远游和精神获得享受
的同时，我们也随之感受到历史脚步的沉重

和历史过程的曲折。社会每前进一步都是艰难的，都伴随着巨大的痛苦和付出。历史的伟大在于它最终走向进步，最终在血污中诞生了鲜活的"婴孩"。

历史有继承性和局限性，不能凭空创造。伟人也有血肉，他们的思想、行为因此注定了同样具有历史的局限性和阶级的、时代的烙印；他们的功业建立于千千万万广大人民群众伟大创造的基础上。历史是人民群众创造的，伟大的人物们是历史和时代造就的。同时，我们也无法否定此间他们个人的努力。这也正是我们编撰这套丛书的目的。

我们期盼着这套丛书得到社会的认同，对读者，特别是青少年读者之历史感、成就感和使命感的培养有所裨益。史海浩瀚，群星璀璨。我们以对广大青少年读者负责的精神，精心遴选，以助力青少年成长进步，集结出版了《历史的丰碑》系列丛书，敬请读者批评、指正。

历史的丰碑丛书

编 委 会

策 划： 胡维革　吴铁光
　　　　林　巍　冯子龙
主 编： 胡维革　邢万生
副主编： 贾淑文　谷艳秋
编 委：（按姓氏笔画为序）
　　　　于二辉　刘士琳
　　　　刘文辉　孙建军
　　　　李艳萍　吴兰萍
　　　　杨九屹　隋　军

在古代罗马，曾涌现出许多著名的政治家、军事家、改革家、思想家以及文学家等历史人物。其中，恺撒是最突出的一位。他思想敏锐，胆识过人，有勇有谋，不但是一位杰出的政治家，还是闻名的军事家和文学家。他从一个衰败贵族出身的祭司，经过不懈的努力和拼搏，最后成为古代罗马的独裁者，被称为"祖国之父"。恺撒在古代罗马从共和制向帝制的过渡中起了决定性的作用，是他改变了古罗马乃至古希腊的历史发展轨迹。尽管人们对恺撒其人的评价褒贬不一，但恺撒以其不凡的精神所创立的业绩，以及他留给后人的无数的精彩历史篇章，都不可置疑地证明了他是人类历史上的一座丰碑。

目　录

历史的丰碑丛书

年轻的民主派领袖

> 青春是有限的，智慧是无穷的，趁短短的青春去学无穷的智慧。
>
> ——高尔基
>
> 将简单的事情考虑得很复杂，可以发现新领域，把复杂的现象看得很简单，可以发现新定律。
>
> ——牛　顿

　　盖乌斯·尤利乌斯·恺撒，出生在古代罗马一个名门贵族家庭。到现在为止，史料记载和考古发掘还不能准确地知道他出生在哪一年，但具体日期是7月12日。人们根据恺撒被刺身亡的公元前44年向前推算，一般认为，他出生于约公元前100年。但还有人说，应该是公元前101年，甚至公元前102年。恺撒的尤利乌斯家族非常古老，据说他本人常把自己的氏族提高到同半为传说的罗马国王，甚至同诸神有血缘关系。他的父亲在公元前92年曾任罗马大法官，其叔父是公元前91年的执政官，他的母亲出身于一个平民家庭。在这个名为尤利乌斯的家族里，也出现过担任罗

恺　撒

马执政官的人。恺撒的家族在他出生以后的年代已经衰败，而恺撒本人，与其他伟人一样，被认为自幼就有非凡的抱负和志向，而且各方面都有卓越的才能，幻想权力和荣誉。恺撒 15 岁那年，他的父亲突然去世，从此，在恺撒周围并对他产生影响的只有女人了。然而，恰恰是这些妇女，尤其是他的母亲奥利亚和他的姑姑尤利亚，以其平凡的出身和政治观点，影响了恺撒，使他这个出身于显贵家族的青年人，却自幼同反对贵族元老院体制的民主派代表人物有联系，并成为年轻的民主派领袖。

大约在公元前509年，罗马从原始氏族制度向奴隶制国家过渡的时期，即通常所称的"王政时期"结束了。从此，罗马进入奴隶制共和国时代。在当时的罗马，奴隶作为被压迫阶级，虽然也发生一些起义等反抗斗争，但社会矛盾的突出表现，是平民与贵族的斗争。那时，罗马贵族占据国家所有高级官职，经济上又大权独揽。而平民们虽然名义与贵族一样，都是罗马公民，但却在政治上无权，经济没有保障，甚至有可能因为负债而沦为奴隶。因而，从罗马共和国建立，平民们便开始为争取政治权利和解决土地与债务问题，同贵族展开了长期的斗争，迫使贵族同意设置保护平民利益的保民官，平民也可以当选罗马的最高行政长官——执政官。从此，一些平民出身的执政官开始在罗马推行一系列的民主改革措施。当时，罗马国家权力主要控制在元老院、公民会议、执政官和保民官手中，元老院是最权威的机构；公民会议具有法案决定权；执政官拥有行政和军权，通常有两名执政官；保民官替平民说话。这些机构

← 罗马贵族和他祖先的头像

→盖乌斯·马略

和统治者相互制约。到了公元前100年前后，即恺撒出生和幼年时代，罗马出现了两个相互敌对的著名人物，一个叫苏拉，一个叫马略。这两个人对恺撒都产生了不可估量的影响。

盖乌斯·马略，出生在罗马一个普通的平民家庭，他的妻子尤利亚是恺撒的姑姑。因而，马略的民主派思想对恺撒影响很大。马略虽出身低微，但后来却成为罗马杰出的军事家和政治家。从公元前107年开始，他曾7次当选为罗马执政官，足见其才能之大。马略的突出成就，是第一次当选执政官以后实行的军事改革。他一反旧制，废弃了早已难以实行的有关兵役财产资格的规定，允许任何罗马公民，包括平民和无产者，都可以参军入伍；同时，他把过去的公民兵役制改为募兵制，服役期16年。士兵不但在服役期间由国家供养，退役后还分给土地。这一改革解决了罗马长期存在的兵员缺乏问题，同时改变了军队的成分，使罗马统治者有效地镇压了国内的奴隶起义，包括公元前104年西西里奴隶起义，而且使罗马在对外扩张中连连取胜。

鲁基乌斯·科尔涅利乌斯·苏拉，出身于罗马一个贵族家庭，是马略将苏拉一手提拔起来的。公元前

沧桑的元老院

107年，马略任命他为财务官。后来，又举荐他作保民官和自己的副将。但是，随着荣誉的增多和地位的提高，苏拉和马略之间渐渐出现裂痕。公元前100年左右，罗马形成了以马略和苏拉为首的两个对立的集团。马略主张扩大公民权，以民主为号召，笼络平民，成为民主派领袖。恺撒成为马略的追随者之一。苏拉忠实拥护和维护豪门贵族的利益，成为贵族派的代表。两派斗争终于在公元前88年酿成一场内战。当时，苏拉奉命率军前往小亚细亚（今土耳其境内）镇压那里的反罗马起义，马略的民主派乘机免去苏拉的职务并由马略取代。苏拉闻讯后没有去小亚细亚，而是回军罗马。马略仓促应战，战败逃走。第二年，即公元前87年，苏拉又率军去小亚细亚镇压起义。马略又乘机控制罗马，并对苏拉的拥护者大肆报复，在城内烧杀5天。苏拉被宣布为"共和国的公敌"，财产全部没收。公元前86年，马略再次当选为执政官，但不久就因病去世。马略民主派与苏拉贵族派的斗争从此转移到另一个人——秦那头上。秦那又是一个对恺撒有重大影响的民主派人物。

路奇乌斯·科尔涅利乌斯·秦那出身贵族，曾3次连任罗马执政官。公元前84年，恺撒与秦那的女儿科尔涅利亚结了婚。但是，就在同一年，秦那被拒绝作战的士兵杀死。公元前82年，苏拉平定了小亚细亚和希腊的起义后回到罗马，对民主派大肆杀戮，以秦那为首的民主派失败。这样，苏拉成为罗马无限期的独裁官。

当时，追随马略和秦那的恺撒还很年轻，在政治上也微不足道，苏拉也没有把恺撒看成一个重要的对手。尽管如此，由于恺撒与马略和秦那之间的亲戚关系毕竟太近了，所以，苏拉还是没有放过他。他免掉了恺撒的朱皮特祭司的职务，并要求恺撒同秦那的女儿科尔涅利亚离婚。但是，倔强的恺撒拒绝执行苏拉的要求。这使恺撒陷入既困难又危险的处境：他不得不化妆成得了热病的病人，在偏僻的地区流浪，每天夜里都要更换一个住处，即便如此，还是被苏拉的巡逻队抓住。为了活命，恺撒付出12000狄那里乌斯（古罗马一种货币单位）贿赂为首者，才赎回了自己的性命。同时，由于恺撒的母亲与苏拉集团的人有联系，苏拉最后赦免了这个执拗的年轻人，恺撒的妻子，科尔涅利亚的嫁妆则被全部没收。恺撒虽然保住了性命，却难以在罗马立足，他不得不到处流浪了一个时期，后来逃到提比亚，又转到小亚细亚的基利基亚。在那里，公元前81年，恺撒成为一个军队长官的参谋，后来又成为当地王宫的密使。在一次战斗中，因表现勇

敢而荣立战功，并获得公民花冠的奖赏。

公元前78年，苏拉病死。恺撒得到这个消息后，立即从小亚细亚返回罗马。苏拉的离世给恺撒的政治和军事生涯让出了一条宽阔的道路。恺撒虽然还很年轻，却表现出政治家特有的藏而不露的稳重特点。因为他已经认识到，尽管苏拉已死，但其党羽仍控制着罗马局势，在这种时候，任何锋芒毕露者都难逃厄运。所以，他十分慎重，不使自己卷入没有成功希望的任何冒险行动中去。但是，是金子总要发光，恺撒很快在罗马政坛出头露面，并成为新的、年轻的民主派领袖。

当时，罗马政治腐败，苏拉的党徒们横行霸道，贪污成风，却无人敢问。公元前77年，勇敢的恺撒大胆揭露了一个名叫盖乌斯·科尔涅利乌斯·多拉贝拉的官员贪赃枉法，并向法庭提起公诉。被告是一个著名的苏拉派，曾在公元前81年任执政官，后任马其顿总督。结果，由于极有经验的法庭辩护人和保护人科塔和霍尔田西乌斯为多拉贝拉辩护，被告被宣告无罪。尽管如此，恺撒的指控演说却写得十分出色，被称为罗马最出色的演说家之一。恺撒因此案而名声大振。公元前76年，应希腊人的请求，恺撒又控告了另一个苏拉派人物，当时的一个骑兵长官，盖乌斯·安托尼乌斯，指控他犯有勒索和贪污罪行。安托尼乌斯在希腊名声很坏，但他却得到保民官的帮助和庇护，得以逃避受审。恺撒这次虽然又未成功，但他的大胆行为震动了整个罗马政界，更多的人知道了恺撒这个名字。

恺撒的民主思想更突出地表现在积极参与和支持国家的改革。在苏拉独裁期间，他曾废止了民主派马略和秦那执政时期所制定的一些法令。恺撒回到罗马

← 广场上的恺撒雕像

以后，当时的保民官盖乌斯·李奇尼乌斯·玛凯尔正领导一场旨在恢复保民官权力的运动。这一运动还公开提出保卫那些受苏拉迫害的人的利益。恺撒立即积极地投入了那场运动。他还发表演说，支持另一个保民官普劳提乌斯提出的一项法律。公元前68年，恺撒的姑姑、已故执政官马略的妻子尤利亚去世。恺撒在姑姑的葬礼上发表演说，赞扬了她和马略。不仅如此，在送葬的时候，他还公然抬出了马略的模拟雕像，公开陈列在广场上。马略的雕像在公开场合出现，这是自苏拉宣布马略为公敌之后的第一次，这在罗马引起很大震动。由于这一行动，19世纪西欧史学中开始有人称恺撒是民主派的新领袖。

但是，真正成为民主派领袖并非易事。当时的罗马贵族年轻人中间，类似恺撒这样既有地位又有能力，既从军又从政的人物并不少见。在罗马奴隶制共和国时代，要想在政界占有一席之地乃至大有作为，不但要取得贵族元老（特别是元老院）们的支持和欣赏，还要赢得下层广大平民的拥护。恺撒对这些情况是了如指掌的。为了扩大自己的影响，他凭借贵族身份，经常用借来的钱施舍给一些穷人，以示自己对平民的关心和对贵族寡头统治的不满。与此同时，他又以贵族的慷慨大度的方式花钱，以豪华的生活方式，证明自己的高贵和富有。据说，他在涅米湖附近花巨资修建了一座别墅，但他却不喜欢这座别墅。于是，恺撒又下令把它铲成平地。到公元前68年，他的债务已高达800万狄那里乌斯（古罗马的一种货币单位），但这丝毫没有影响恺撒大把花钱的特点。恺撒的敌人曾认为，只要他的财产耗尽，人们是会立刻把他忘掉的。事实证明，这种看法错了。恺撒花钱似流水，为的是政治目的。他既然有此鸿鹄之志，自然有弥补债务的本领和手段。

公元前73年，恺撒在军队中担任参将职务。但是，在以后的几年中，在参加远征小亚细亚和清剿海盗的战斗中，没有什么突出表现，在一次失败的战役中，他还差点丢失性命。公元前71年他离开军界，公元前68年，出任财政官。这是一个非常重要的官职，对恺撒这样有远大志向的人来说尤其重要。因为自从苏拉制订有关高级官职的法律以来，人们只有在担任财政官这第一个公职之后，才能参加元老院。公元前64年，恺撒担任营造官，又在卡匹托林神庙中树立了被苏拉拆除的马略像和胜利纪念碑，公元前62年，又当选为大祭司和行政长官。恺撒的政绩得到越来越多的人的认可。就在此期间，罗马发生了历史上有名的"喀提林阴谋"。

罗马贵族妇女（左二）和女奴（右）

路奇乌斯·谢尔吉乌斯·喀提林，出生在罗马一个贵族家庭。在苏拉独裁时期，他曾积极参与苏拉剥夺政敌的公民权的活动。但是，从其政治观点看，喀提林属民主派。公元前68年，喀提林当选为行政长官，后又出任阿非利加行省（即北部非洲）的长官，公元前65年在竞选执政官的斗争中失败。据说，喀提林网罗一些人，准备在公元前65年1月1日执政官就任的日子，在举行庆祝游行时，把新当选的执政官佩图斯杀死。在阴谋行刺的人当中，就包括恺撒。但是，由于多种原因，那一刺杀计划没有实现。这就是通常所说的喀提林第一次阴谋。当然，学术界对这一事件是否属实还存在争议。然而，以后发生的事，就是大家都承认的了。

公元前64年和公元前63年，喀提林再度两次竞选罗马执政官失败。同喀提林竞争的对手是罗马有名的大贵族西塞罗，而喀提林则被认为是民主派人物，这就使竞选带有浓厚的政治色彩。在竞争失败之后，喀提林走上了另一条道路，他打算亲自率领一些人去收拾西塞罗。但由于西塞罗事先得到信息，这一计划落空。喀提林还准备组织农村平民暴动，结果都未成功。从此，西塞罗开始对喀提林提出指控，并发表了4篇《反喀提林演说》。喀提林在公元前63年11月8日离开罗马，而他的那些留在罗马城内的同伙却被西塞罗逮捕并在12月5日全部处决。公元前62年1月，喀提林率领他的部队试图翻越亚平宁山脉并进入高卢（即现在的法国境内），但是在皮斯托亚被另一名执政官安东尼截住，喀提林及其大部分追随者阵亡。喀提林阴谋事件发生之后，即西塞罗在公民会议上对喀提林提起

公诉的时候，恺撒曾出庭为喀提林辩护，反对元老院不经审讯就判决喀提林的同盟者，并在会上公布他的讲演稿。

公元前63年12月，恺撒被指控参与了喀提林阴谋。公元前62年，恺撒再次被指控为喀提林的同谋者。但是，所有这些指控都没有得到证实。看来西塞罗并没想追究恺撒的责任。这样，指控恺撒的人没有得到好处，恺撒却通过喀提林阴谋而在下层平民中获得了更高的声望。显然，恺撒已经获得了广大平民的支持，成为民主派的领袖。

在罗马元老院一次会议里，西赛罗攻击喀提林之景，其为一幅19世纪的壁画

相关链接
XIANGGUAN LIANJIE

西塞罗

马库斯·图留斯·西塞罗（Marcus Tullius Cicero），公元前106年1月3日—前43年12月7日。古罗马著名政治家、演说家、雄辩家、法学家和哲学家。出身于古罗马的奴隶主骑士家庭，以善于雄辩而成为罗马政治舞台的显要人物。从事过律师工作，后进入政界。开始时期倾向平民派，以后成为贵族派。公元前63年当选为执政官，在后三头政治联盟成立后被三头之一的政敌马克·安东尼（公元前82年—前30年）派人杀害于福尔米亚。

公元前63年，西塞罗成了第一个"新人"，即图留斯家族中第一个担任执政官的人，也是三十多年以来第一个通过选举担任这一职务的人。在这一时期，他仅有的突出政绩在于镇压了喀提林阴谋。卢修斯·瑟金斯·喀提林因为不满时政企图推翻罗马共和国。西塞罗起草了戒严令，也被称作"元老院决议"，西塞罗为此发表了四个言辞激烈的演说，指责喀提林及其追随者生活腐朽糜烂，并指责他们

挥霍无度，决定将喀提林驱逐出罗马。

　　元老院仔细考量了对这些反叛者惩罚措施，由于元老院本身是一个立法机构而不是司法机构，因而在惩处谋反者上并不能完全为所欲为，不管怎样，那时还没有解除戒严令。起初，元老院中的大部分成员都主张采取"极刑"，但很多人随后就被盖乌斯·尤利乌斯·恺撒的演讲所打动，恺撒谴责开启这种先例并将关于惩罚的争论限制在流放的范围内。加图随后起来捍卫死刑，最终所有元老院成员都同意采用这种方式。西塞罗将这些谋反者押送到臭名昭著的莫蒙坦监狱，在那里对他们施行了绞刑。西塞罗陪伴着前任执政官，同时也是同盟者中的一个，前往莫蒙坦，行刑之后，西塞罗例行公事宣布："他们曾经活过。"这样说就可以避免直接宣布他们的死亡带来的晦气。西塞罗因粉碎这一阴谋而荣获"祖国之父"的尊号。

前三头同盟

人类所有的力量，只是耐心加上时间。所谓强者，是既有意志，又能等待时机。

——巴尔扎克

伟大人物最明显的标志，就是他坚强的意志。

——爱迪生

爱迪生

　　从公元前71年当选为罗马保民官，到公元前59年当选为执政官，恺撒在罗马政坛上步步高升，终于登上了罗马最高统治者的宝座。在这10多年的时间里，与恺撒的命运息息相关的，是古代罗马另外两个著名人物：庞培和克拉苏。

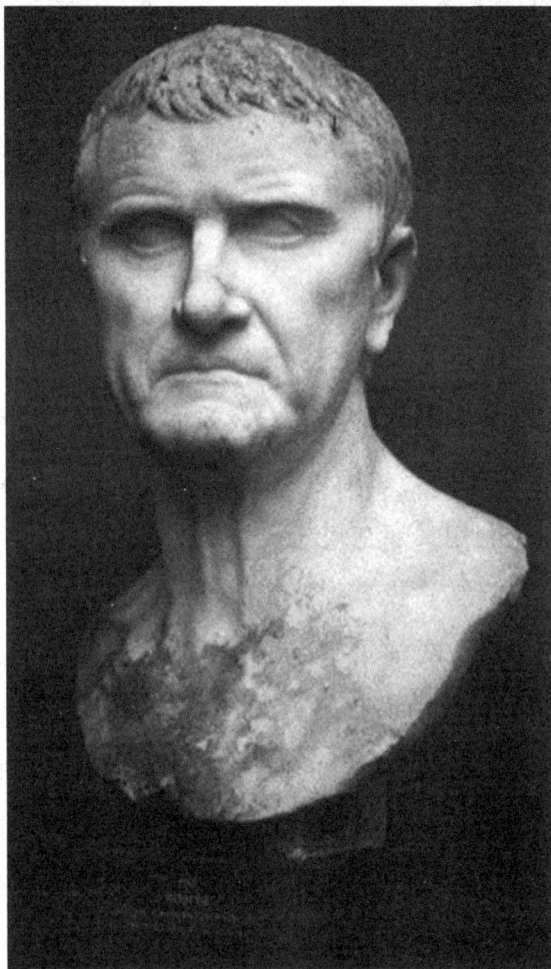

→克拉苏头像

美剧《罗马》中，屋大维凯旋仪式

　　格涅乌斯·庞培出生在罗马一个贵族家庭。其父曾在公元前89年任罗马执政官。庞培17岁就随同父亲一起镇压意大利人的起义，在政治上也雄心勃勃。公元前80年左右，正值苏拉与马略争夺罗马统治权之际，庞培利用父亲在皮凯努姆地区的势力和影响，招募了一些兵马，投靠到苏拉门下。苏拉取得罗马独裁统治权之后，更加重用庞培，并把女儿嫁给他。庞培先后征战非洲和西班牙，为苏拉统治立下了赫赫战功。但庞培并不是一个可怜的应声虫，当他从非洲凯旋时，要求苏拉为他举行凯旋仪式。苏拉告诉庞培，这种凯旋式只能给有巨大战功的执政官、行政长官举行，这是罗马法律规定的。但庞培却说："崇拜初升太阳的人

要多于崇拜落日的人。"苏拉迫不得已，在公元前81年破例为其非洲之战举行凯旋式。这件事足以说明，庞培投靠苏拉并非真正拥护贵族派，而是要利用苏拉的势力去实现自己的目标。果然，公元前78年苏拉病死后，庞培奉命前往西班牙作战，平定了那里的起义。公元前71年，在得胜回国途中，又截杀了逃出克拉苏包围圈的5000余名斯巴达克起义军战士。与此同时，庞培在政治观点上也开始向民主派转化。

马尔库斯·里基尼乌斯·克拉苏，出身于罗马一个古老的平民家庭。但他的父亲曾担任罗马执政官、监察官以及西班牙总督，在罗马统治集团上层属元老派。所以，公元前87年，马略和秦那占据罗马城并大肆杀戮苏拉党派时，他父亲被放逐，后自杀身亡。克拉苏当时不足20岁，虽受到监视，但还是逃出了罗马。或许正是这个原因，克拉苏如同庞培一样，也投靠到苏拉门下，但他是否真的属于贵族元老派，尚有不同看法。后来，克拉苏跟随苏拉南征北战，屡建战功，并在政治上崭露头角，取得了很大的影响和声望。与当时赫赫有名的庞培相比，克拉苏也毫不逊色。苏拉死后，克拉苏的政治生涯并没有走下坡路。特别是公元前73—71年，斯巴达克领导的罗马奴隶大起义曾取得巨大胜利，罗马统治者在屡遭失败的情况下，把镇压起义的军权交给了克拉苏。结果克拉苏消灭了起义军主力，斯巴达克也在战斗中牺牲。从此以后，克拉苏在罗马的声望更高了，并也开始随着政局的变化而转向民主派。

公元前70年，庞培和克拉苏双双当选为当年的执政官（罗马共和国时期，执政官为每年改选一次，每

← 巴黎的斯巴达克雕像

届两名，其中一人负责军事，主要是对外战争，另一个负责政务）。在他们执政的那一年，实行了一些改革措施。这些措施既否定苏拉统治政策和措施，又具有一定的民主色彩。例如，恢复了苏拉独裁时期废除的保民官权利和监察官职位，清洗了元老院中的苏拉势力，决定法庭由元老、骑士和富有平民共同组成，恢复被苏拉取消的亚洲行省的包税制，等等。

作为苏拉当年的追随者和今天的否定者，庞培和克拉苏都曾从苏拉的权力和地位中捞到好处。正是由于苏拉的提携和重用，才使庞培在征服非洲和镇压西班牙起义的军事行动中出尽了风头，成为当时罗马唯一获得凯旋式这一特殊军功荣誉的既非执政官又非行政长官的人；正是利用苏拉当年在罗马屠杀民主派和在罗马实施暴政的机会，克拉苏低价收购大量产业，发了横财。克拉苏"趁火打劫"的历史轶事更令人瞠目结舌：据说，当时罗马城经常失火，克拉苏买来许多曾经当过建筑工和设计师的奴隶。哪里发生火灾，他就带这些人到哪里去，他到那里的第一件事不是救火，而是以各种恐吓的话诱使那些失火的房主和受失火威胁的邻居们赶紧把房子卖掉，当然，在这种时候卖的房子价钱很低，克拉苏则马上买下，然后让自己带来的人救火并随即开始复修。就这样，当时罗马大部分房屋的产权落入克拉苏之手，使他成为当时首屈一指的大富翁。

与庞培和克拉苏相比，恺撒既不能在军功上与庞培争雄，更不能在财富上与克拉苏相匹敌。但是，恺撒以其敏锐的洞察力和高超的政治手腕，不但在罗马政坛上立足，而且取得了与庞培、克拉苏三足鼎立的地位。说来，恺撒为此真可谓忍辱负重。公元前68年，恺撒的第一个妻子，即民主派领袖秦那的女儿科尔涅利亚去世。第二年，恺撒与苏拉的外孙女庞培娅结婚。庞培娅的母亲是苏拉的女儿，重要的是，她同

← 庞培头像

时又是庞培的一个远亲。恺撒这样做不仅仅是要表明自己与庞培站在同一立场，更重要的是提高自己的声望。中国有句古话，叫作"为了打鬼，借助钟馗。"

为了借助庞培的力量达到自己的目的，恺撒曾几次在政坛上站在庞培一边。例如，当时地中海上的海盗十分猖獗，政府派出的讨伐队伍所取得的成果很小，地中海因此无法正常航行和贸易。为了根治海盗问题，公元前67年，保民官奥路斯、伽比尼乌斯提出一项法案，委托庞培为海军统帅，同时对一切行省离海岸50海里范围内拥有无限权力。另外，庞培还有权支配国库及行省的收入，有权征募军队和装备一支由200只舰船组成的舰队。就权力的广泛性和特殊性而言，这一提案是罗马历史上前所未有的。所以，提案遭到罗马元老院和执政官的普遍反对，唯独恺撒支持这一法案（当时恺撒也已是元老院的元老）。结果，这个法案在公民大会获得通过。后来，庞培也确实不负众望，在3个月内，就把地中海的海盗全部肃清。事实证明，恺撒比元老院的其他元老高明。公元前66年，保民官盖乌斯·玛尼利乌斯建议把罗马军队的最高统帅权交给庞培，因为现任统帅路奇乌斯·路库路斯在小亚细亚的征战中指挥不利。这一次，又是恺撒与另一位元老西塞罗的支持，使庞培获得殊荣和更大的权力。

这些活动使恺撒名声在外，公元前66年，他当选为下一年度的营造官。这一职位的职责是监管城中的秩序和公用事业，组织粮食分配和公共娱乐活动。按照罗马惯例，营造官组织娱乐活动的经费要由他自己解决。这样，恺撒不得不破费许多钱财，他自己也十分愿意这样做，尽管他早已负债累累。为了显示自己的能力和才华，恺撒把各种比赛和表演都举办得比前人更加奢侈豪华。

在政治上不断成功的同时，恺撒在经济上的困难却越来越大。本来，庞培是有可能帮助恺撒的，但他长期在外打仗，而恺撒对元老院那些贵族阔佬又不屑一顾，他从来都与他们唱反调。在这种形势下，恺撒的目光转向了克拉苏身上。克拉苏在公元前65年当选为监察官，从那时起，恺撒与他的关系就相互接近。据说，克拉苏和恺撒同是喀提林阴谋集团的成员。或许正是因为这种关系，后来，在恺撒极为困难的情况下，克拉苏在经济上帮了他的大忙。

公元前62年，恺撒当选为大祭司和行政长官，按当时的惯例，一年以后，应到某一个行省去任总督。但就在这一年初，有两件事差点置恺撒于死地，一个是他妻子的桃色事件，另一个是他的债务问题。对这两件事适当、妥善的处理，从另一个侧面反映了恺撒

的不同寻常之处。

古代罗马有一个惯例，每年12月，都要举行奉祀农业女神"善良女神"的仪式。在大祭司家中举行的仪式更为特殊，只许女人参加。因为公元前62年的大祭司是恺撒，那一仪式当然要在他家举行，而恺撒却不能参加。就在那一天，罗马一个有名的风流人物，名叫克劳狄乌斯，男扮女装混入恺撒家中，同恺撒的妻子鬼混。这件事在历史上称"克劳狄乌斯案件"，这一案件给恺撒带来了意外的麻烦。由于克劳狄乌斯当时站在民主派一边，与贵族元老院作对，而且已经当选为下一年的行政长官。由于他反元老院出名，被称为"人民的宠儿"。于是，元老院马上抓住这件风流韵

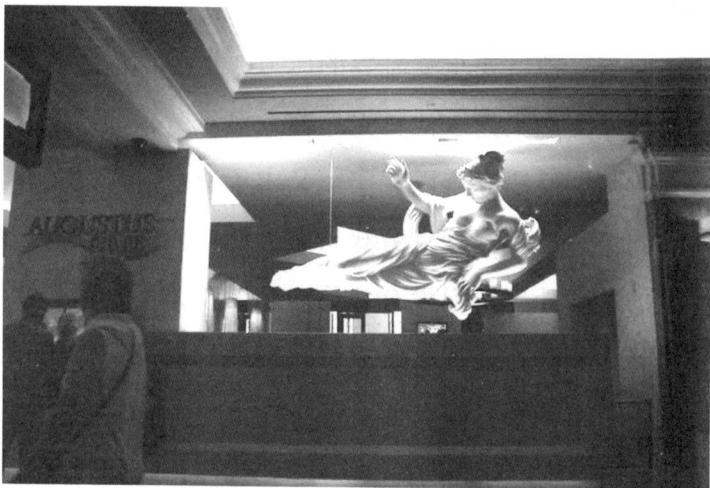

飘在空中的女神

事，向法院提出控诉，试图置克劳狄乌斯于死地，这种局面使恺撒十分棘手。如果恺撒证实这一案件属实，不但作为民主派代表的克劳狄乌斯要倒霉，恺撒脸上也不光彩，因为通奸的毕竟是他的妻子；如果恺撒不证实此事，他就要承受耻辱的压力。恺撒再次表现出伟人的风度和眼光。他首先宣称，对克劳狄乌斯案件一无所知，使法庭难以核实。又由于群众对克劳狄乌斯的同情，法庭宣判克劳狄乌斯无罪释放。恺撒对这件事的正确处理不但没有帮元老院的忙，而且使群众对他更为拥护，还挽救了克劳狄乌斯。后来，恺撒很快与妻子离了婚，而克劳狄乌斯在公元前58年又被恺撒扶植并当选为保民官。克劳狄乌斯当然感激不尽，他也为使恺撒的改革提案能够获得公民大会的通过而

立下汗马功劳。

也是在公元前61年，正当恺撒准备出任西班牙总督时，他的债务问题又起波澜。一些借给恺撒钱的债主担心他无力偿还债务，所以不肯让他离开罗马去赴任。就在走投无路的时候，大富翁克拉苏慷慨解囊，不但替他还了一些债，而且为他做担保人。据说，光是担保的债务就达830塔兰特，这在当时是一个相当大的数字。这样，恺撒在公元前61年成为罗马的西班

克劳狄乌斯是"意外"当上罗马皇帝的：公元前41年皇帝卡利古拉被刺杀后，近卫军拥立这位克劳狄乌斯家族的中年男子并得到元老院的承认而继位为罗马皇帝

公元前54年10月，克劳狄乌斯在一场家庭晚宴中，因食物中毒而死

牙总督。

在西班牙任职期间，恺撒的政绩是很突出的。他征服了一些不服从罗马统治的部落，扩大了罗马统治范围；他在那里实施一些改革措施，调整了债务人与债权人之间的关系以及一些城市之间的纠纷。由于战争的胜利和有效的管理，罗马在西班牙的统治得到巩固，恺撒也因此政绩而提高了自己的威信。

公元前60年，恺撒载誉回到罗马，元老院准备为他举行一次凯旋式，以庆祝和表彰他在西班牙的成就，恺撒当然高兴。与此同时，罗马城内正准备竞选公元前59年的执政官。恺撒提出参加竞选。但是，按照罗马当时的法律规定，任何享受凯旋式的人在凯旋式举

行之前必须住在城外，而任何参加竞选执政官的人，则必须本人在城内参加竞选。如果等在城外接受凯旋式，则失去竞选机会；如果马上进城参加竞选，则必须放弃凯旋式这一荣誉。恺撒最初想二者都不放弃，他在城外接受凯旋式，而由他的朋友在城内替他竞选，但元老院不批准，于是恺撒决定放弃凯旋式，立即进城参加竞选。尽管恺撒有功有才，又有一定威信，但要保证竞选的胜利也并非易事，必须取得当时政坛上最有影响的一些重要人物的支持才有把握。于是，他找到了庞培和克拉苏。

早在恺撒去西班牙任总督之前，即公元前62年12

元老院复原虚拟效果图

月，庞培在小亚细亚征战多年之后，胜利回到罗马。按照当时的惯例，他应该以普通公民的身份去罗马，并在城外等候凯旋式。出乎人们的意料之外，军功显赫、大权在握的庞培在意大利布伦狄西乌姆登陆后，没有接到任何元老院或公民会议的决定，就自己解散了自己的军队，严格按照惯例，在罗马城外等候凯旋式。罗马人还从没有看见过这样忠诚和守法的先例。而元老院由于对庞培在亚洲行省的某些做法不满，把迎接他的凯旋式推迟到公元前61年8月才举行。对庞培的上述做法，后人的评说不很一致，一般认为，庞培是一位杰出的军事家和政治家，但不是一位国务活动家，他拥有夺取王位的条件，但不具备帝王的勇气。确实，从上述事实以及后来他被恺撒打败的历史看，庞培远不如恺撒伟大。回到罗马以后，庞培向元老院提出两项要求，一是批准他在亚洲行省实行的措施，二是分土地给他的老兵，但都遭到元老院的拒绝。接二连三的失败使庞培对元老院十分不满，但却又孤掌难鸣。就在这种情况下，恺撒从西班牙回来，他寻求与庞培合作，庞培当然求之不得。至于克拉苏，早在克劳狄乌斯案件以及喀提林阴谋案件时，就对元老院十分不满。

　　在执政官选举前不久，罗马发生了一件具有历史

意义的大事：由恺撒发起，罗马历史上三位政治家
——恺撒、庞培、克拉苏——缔结了一项秘密协定。
从此，三人相互配合，各有所获。在历史研究中，通
常把这三个人的合作称为"前三头同盟"。公元前43
年，罗马另外三位政治家安东尼、屋大维、雷必达也
达成协议，建立"三头政治"，历史上称之为"后三头
同盟"。

前三头同盟的形成在罗马历史上具有十分重要的
意义。恺撒作为平民的代言人，民主派的领袖，长时
间以来一直与元老院作对；庞培在军队中的影响超过
任何人，他也因前面所述的内容而不满元老院；克拉
苏是有名富翁，而在当时的罗马，有许多类似克拉苏
这样的人，他们既不是贵族出身，又远比平民富有，

苏拉   庞培   恺撒

但却没有很高的政治地位，这些人通常被称为骑士。克拉苏事实上成为骑士的代表。这些人由于地位不高，也对元老院不满。这样，平民、军队、骑士三个方面的代表人物联合到一起，恺撒、庞培、克拉苏就形成了一个共同反对元老院的政治集团。这实际上标志着罗马共和国制度开始解体。因为元老院是这一体制的基础，而三头同盟的力量远远超出元老院。对恺撒来说，在当时，他还没有能力单独控制罗马政权。所以，三头同盟是最佳选择。

恺撒在庞培和克拉苏的帮助下，当选为公元前59年的执政官。作为条件，恺撒上台后，马上实行了一些有利于庞培和克拉苏的措施。对庞培的好处是：恺撒批准了被元老院拒绝的庞培在小亚细亚实施的措施。另外，根据恺撒的一项新的土地法案，分配土地给庞培的老兵及一些贫苦平民。对克拉苏的好处是，把亚洲行省的包税金额减少，这使骑士们十分欢迎。恺撒就任后，虽然履行了自己对庞培和克拉苏许下的诺言，但事实上，他在罗马的地位还是没有庞培和克拉苏高。为了巩固三头同盟，恺撒把自己的女儿嫁给了庞培。这样，相对稳定的前三头政治同盟开始左右罗马政局。

相关链接
XIANGGUAN LIANJIE

古罗马奴隶

古罗马奴隶，是指在罗马帝国时期的一些奴隶，古罗马的奴隶大部分都来自行省或被征服地区。这些奴隶往往有很高的文化水平，有的甚至比奴隶主的文化水平还高，他们一般被用于家内，担任家内的各种工作。罗马的家庭教师大多都由这些奴隶充任。还有一些来自西方的奴隶，他们的大多数都是毫无文化的野蛮人。奴隶主用这些奴隶担任繁重的工作，如农耕、开矿、放牧等，或把他们送至角斗场，让其充任角斗士。历代元首如奥古斯都、克劳狄、尼禄等有时也利用这些奴隶组成卫队，驻守在宫廷之内。

征服高卢

真正的人生，只有在经过艰苦卓绝的奋斗之后才能实现。

——塞涅卡

幸运垂青于勇敢的人。

——泰伦斯

← 塞涅卡头像

　　根据罗马的惯例，每个执政官任期一年，然后去一个行省任总督。而且元老院必须在下一年度执政官选举之前，就确定现任执政官明年将去哪个行省任总督。所以，公元前59年，恺撒就任执政官后，就已被元老院决定在公元前58年去一个偏远的不重要省份任总督。恺撒对此当然不满意。恰在这时，早在公元前60年就已决定去高卢省任总督的梅特路斯·凯列尔死了，而高卢，即现在的法国、比利时、瑞士、卢森堡一带，又是一个十分重要的省份。所以，当时的保民官普布利乌斯·瓦提尼乌斯提出一项法案，建议恺撒卸任后去高卢和伊利里库姆任总督，期限5年，并获准征募3个军团和按照自己意愿任命行政长官副帅，无须征得元老院同意。此法案在公民大会通过后，在庞培和克拉苏的压力下，又把纳尔波高卢并入恺撒的管辖范围。为此，元老院同意恺撒再征募一个军团。

　　在恺撒出征高卢之前，高卢实际上分成3部分，即通常所说的山南高卢、山北高卢和纳尔波高卢。当时，罗马在山南高卢和纳尔波高卢的统治已较稳固，而山北高卢还没有被罗马人征服。更为严重的是，山北高卢当时正处于大动乱的状态之中。居住在那里的凯尔特人分为许多不同部落，而且处于不同的社会和文化背景之下，各部落之间矛盾重重，互相争雄，战

→悲剧性雕像，自杀的高卢人

争不断发生。尽管这里政治上不统一，但经济却很发达，是一块人口众多，生活富裕的好地方。因此，罗马人早就想吞并这块肥美的土地。

恺撒之所以很想到高卢任总督，还有一个原因，他认为，要想掌握罗马政权，必须手中有自己的可靠的军队。长期以来，高卢一直是罗马招募新兵的重要地区。阿尔卑斯山山地广阔，自然资源丰富，是一个

重要的练兵基地。如果占有高卢，一方面可以在这里募兵练武，建立一支忠实于自己的军队，又可以以高卢为战略要地，开拓疆土，积蓄力量，而后威胁罗马，夺取政权。

公元前58年，恺撒率军到达山南高卢。从这一年开始，直到公元前51年，罗马人与高卢人之间的一场历史大战持续了将近10年，史称"高卢战争"。这场战争的核心人物是恺撒。对恺撒来说，征战高卢又成为他人生的最重要阶段。这一阶段不但对恺撒本人的政治生涯，而且对整个罗马政局和历史发展，都产生了重大影响。

恺撒的高卢战争是从打败埃尔维提亚人开始的。埃尔维提亚人是山北高卢一个古老部落，居住在今天

→山地广阔的阿尔卑斯山

瑞士西部。当时，该部落的首领奥尔及托利克斯是部落中最富有的贵族。据说，此人雄心勃勃，想当国王，在他的率领下，埃尔维提亚人从公元前58年开始，烧掉自己的城市和村庄，毁掉了储备的全部粮食，开始向西大迁移。关于这次迁移的原因，现代人还不完全清楚。正当埃尔维提亚人准备进入高卢普洛文尼亚时，恺撒来到这里。埃尔维提亚人得知高卢新总督到来的消息后，马上派人去请求恺撒允许他们穿越普洛文尼亚，并保证秋毫无犯。但是，恺撒不能不考虑到，这样一支包括全体部落30多万人的大迁移队伍，其中有近10万人手持武器，可以作战，而且被罗马人称为"蛮族"，万一发生意外，后果难以预想。恺撒对埃尔维提亚人的答复相当巧妙。他既没有拒绝，也没有表示同意，而是请使节们过些时候再来商谈。而就在这段时间里，恺撒做好了迎战的准备。当埃尔维提亚人的使者第二次来到后，恺撒表示坚决拒绝他们通过。于是，埃尔维提亚人决定从另一条路继续迁移，并进入高卢埃杜伊人居住的地区。埃杜伊人马上派使者到恺撒那里，请求罗马人的帮助和保护。其实，即使埃杜伊人不请求，恺撒也已经在行动了。他跟踪在埃尔维提亚人后面已经两周，最后，双方终于发生战斗。结果，埃尔维提亚人战败。按照恺撒的要求，他们首

→垂死的高卢人

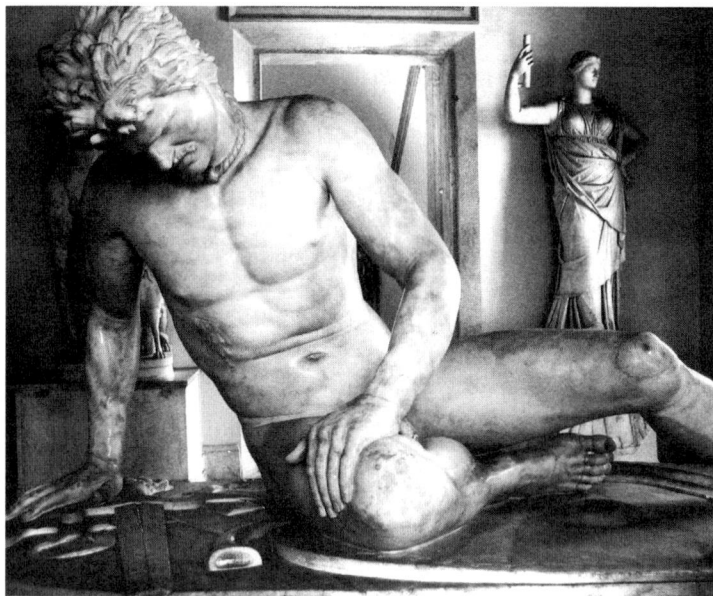

先交出人质和武器，然后，被迫返回故里。这是恺撒就任高卢总督后的第一个胜利，在高卢各部落中造成很深刻的印象。后来，几乎所有的部落领袖都来到恺撒的大本营表示祝贺，以示忠诚。

高卢各部落的头目们之所以颂扬罗马人的成功，并不是欢迎罗马人，而是因为类似埃尔维提亚人大迁移这样的威胁，对高卢各部落危害很大，而且更大的威胁还没有解除。原来，早在公元前61年，由国王阿里奥维斯图斯率领的日耳曼人就已经渡过莱茵河，进入高卢地区，而且要求取得更多的土地。如果不取得恺撒的帮助，高卢将成为日耳曼人的天下，高卢人和罗马人都将被赶走。恺撒对此是很清楚的。

最初，阿里奥维斯图斯好像并不想与恺撒为敌，他派使者与恺撒联系谈判，恺撒表示赞同。但是，双方未能达成协议，因为恺撒提出日耳曼人立即停止威胁高卢人的行动，这是阿里奥维斯图斯不能接受的。公元前58年9月，双方开始发生冲突，很快发展成大战。结果是恺撒取得第二场胜利。这样，在恺撒征战高卢的头一年，他成功地打败了另外两支想进入高卢的人，这即使高卢控制在罗马人手中，客观上也保护了高卢人的利益。

公元前57年，高卢人终于开始向罗马人发难。恺

← 高卢战争浮雕

考古学家发现的高卢战争遗物

撒得到消息说，占据高卢北部大约领土的比尔吉人正准备向罗马人进攻。据说，比尔吉人担心，一旦整个高卢屈从罗马，他们那里也不会安宁，因此，他们各个部落联合起来，相互交换了人质，保证共同与罗马人战斗到底。恺撒命令他的副手奎因都斯·彼迪乌斯率领两个军团前去先发制人。当时，比尔吉人没有战斗准备，正在渡河，罗马军队趁机发动进攻，比尔吉人被打败。但是，比尔吉人却在另一次战役中突然包围了恺撒的军队，许多罗马人被杀死。恺撒率他的卫队逃到一个小山上，情况十分危急。就在关键时刻，恺撒最精锐也是最亲近的第十军团袭击了敌人的后方，恺撒得以解围。最后，比尔吉人又被打败。这是恺撒高卢战争的第三个胜利。这一胜利使高卢各个部落，包括北部沿海的维内提人、埃苏比伊人、列多尼斯人等等，都表示归顺罗马。

看来，恺撒已经平定了高卢。但事实远非如此。

公元前57年秋至公元前56年秋，恺撒在伊利里库姆待了一年。伊利里库姆在巴尔干半岛，远离高卢。当时，也划归恺撒管辖。但是，公元前56年冬季，留守在高卢的副帅们要求恺撒尽快返回高卢，因为，在"被平定的"高卢的个别地区，重新发生起义。所以，恺撒不得不回到高卢，重新开始征战。很快，那些闹动乱的地方平息下来。这一次，恺撒没有像上次那样，以为天下太平了。他发现，山北高卢，特别是沿海一带，难以统治的原因有两个，一个是莱茵河东岸的日

莱茵河风光

←
日
耳
曼
人

耳曼人不断进入高卢，造成社会不稳定；第二个是居住在不列颠群岛的不列颠人总是支援高卢人。所以，恺撒决定，先渡过莱茵河，打败并征服日耳曼人，然后渡海进入不列颠。

恺撒的军队完全可以乘船渡过莱茵河。但恺撒认为，那样既不安全，又有损于罗马人和他个人的尊严。所以，他下令在莱茵河上架起一座桥梁。架桥工程在10天内就完成了。罗马军队在第11天就通过此桥到达莱茵河右岸。恺撒在他的《高卢战记》一书中，对这座奇特桥的结构进行了详细描述，一些博物馆还仿造了这座桥的模型，很多文献资料也对这座桥感兴趣。确实，在2000年前，10天之内在莱茵河上架起一座能通过千军万马的木制大桥，不但需要相当高的技术，而且需要相当大的胆略；如果说技术是工程师巴尔布斯的功劳，那么胆略则是战争指挥者恺撒的杰出表现。

恺撒在莱茵河东岸基本没有遇到什么抵抗。日耳曼各部落都向罗马人伸出友谊之手，表示愿意交出人质，顺从罗马人。只有苏伽姆布里地区的那个部落没有这样做，他们带着自己的财产逃到森林里去了。恺撒在莱茵河对岸总共只待了18天，然后就作为胜利者返回了高卢。按照他的命令，那座奇特的桥马上被毁掉了。然后，恺撒准备征讨不列颠。

← 莱茵河东岸

作为一个军事家，恺撒不打无准备之仗。当时，罗马人对不列颠群岛的情况不太了解，有些经商往来也大都在沿海进行。因此，要进攻不列颠，必须先了解那里的情况。恺撒先派了一个名叫沃卢森纳斯的人前往不列颠侦察。5天之后，他带回了该岛的情报。公元前55年秋季的一天，恺撒的军队渡过海峡，在不列颠登陆。罗马军队在登陆时遇到顽强的抵抗，但恺撒还是取得了胜利，并迫使沿海的一些部落降服。由于风暴的经常袭击，远离舰队去攻击内地的不列颠人太危险，所以，恺撒赶在一个好天气下令返航，并顺利回到欧洲大陆。第一次征讨不列颠与其说什么也没得到，毋宁说是失败了，但它在社会上造成的影响是不可低估的。要知道，作为罗马驻高卢总督，恺撒要把罗马统治扩大到不列颠，这一行动本身就令罗马人兴奋，而使其他国家生畏。所以，元老院为庆祝恺撒的胜利而决定举行一次为期20天的感恩祈祷。

公元前54年，恺撒率领军队第二次在不列颠登陆，这次他的军队数量比上次多得多。不列颠人的战略似乎也与上次不同，他们没有分散抵抗，而是一致推举卡西维努斯为最高统帅，此人是一个部落首领，既有经验，又有威望。卡西维努斯率领的不列颠人确实给恺撒制造了不少麻烦，他们进行的实质是游击战争。罗马人虽然不断宣布胜利，恺撒也曾渡过泰晤士河，攻破卡西维努斯的防御工事，但并没有使不列颠人屈服。最后，双方坐下来谈判。由于不列颠人中间的某些部落已开始向恺撒投降，卡西维努斯在谈判中是被动的。结果，卡西维努斯接受了交出人质和每年向罗马进贡的条件，恺撒下令返航，征讨不列颠战役至此结束。这次征讨虽没有为罗马夺得土地，如同前文所说，却为罗马争得了荣誉。

对恺撒来说，最重要的任务是如何巩固和扩大罗马在高卢的统治，因为他是高卢总督，从公元前58年起连任5年，后来又延为10年。但是，高卢各个部落虽然都表示臣服，恺撒名义上已征服整个高卢，但并

← 高卢战争图

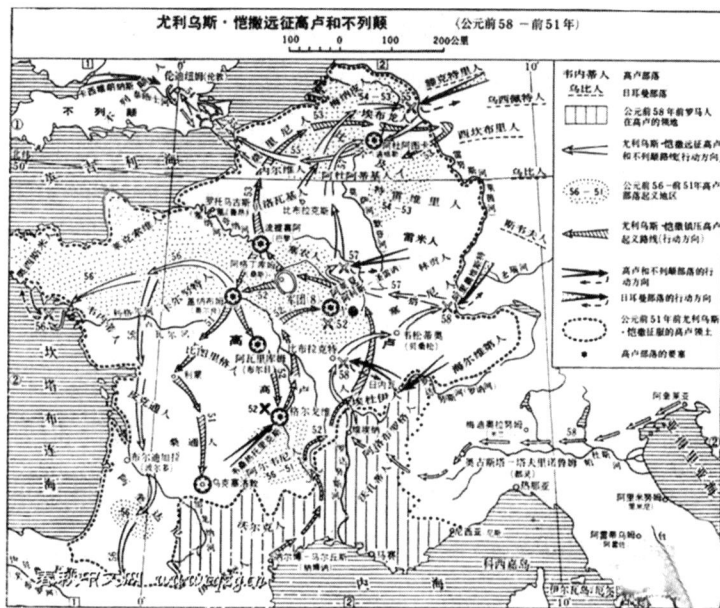

恺撒远征高卢和不列颠地图

没有建立起有效的统治机构，而仅仅是靠武力控制。因此，不稳定因素始终存在，任何事件都可能引发新的危机。果然，由于公元前55年高卢发生干旱，农业歉收，罗马人要收的贡赋很难完成，各部落不满情绪增加，起义终于发生，而且一个接着一个，规模不断扩大。从公元前54年至公元前53年，高卢北部各部落在著名首领恩杜西奥尔和安比奥利克领导下，到处打击罗马军队，恺撒好不容易才平定了起义。但是，公元前52年春，一场更大规模、席卷全高卢的反罗马统治的大起义爆发了。

这次高卢大起义的领导者是阿维尔尼部落的首领，名叫维尔辛泽托利克斯。他号召高卢人要为独立和自由而战。恺撒在他的《高卢战记》中不得不承认："高卢人在争取自由、恢复旧日的英勇善战这件事上，是那么齐心。所有的人都全力地投入到目前的战争中去。"维尔辛泽托利克斯第一次建立起一支高卢人自己的军队，确立了严格的军纪，自造武器，严惩罗马投机商人和高利贷者。起义声势浩大，很快发展到30万人，甚至连罗马的埃杜伊部落也参加了起义。起义军袭击罗马军队的辎重和粮草，切断了恺撒与城市的联系，到处打击罗马军。

为了平定起义军，恺撒一方面抓紧征募军队，并从意大利调来援军；另一方面试图分化瓦解起义军。每当罗马军队取胜，恺撒都没有大肆屠杀起义者，而是赦免那些起义者及其家属。而维尔辛泽托利克斯则针对罗马军队善于大军团作战的特点，制定了新的作战计划，那就是发挥起义军的长处，放弃正面的大规模战斗，而采取分散的、游击战的办法。为此，起义军经常转换战斗地点。为了不给罗马人留有可利用的物资，维尔辛泽托利克斯下令，起义军每撤出一个城市或村庄之后，都把那里付之一炬。结果高卢到处大火冲天。这种战术果然有效，恺撒找不到全歼起义军

→古罗马军团两千年前大屠杀遗址

的机会，在攻防转战当中，双方互有胜负。而与此同时，罗马国内政局也发生变化，恺撒如果不尽快结束在高卢的征战，他在罗马的地位很可能丧失。

公元前52年夏天，恺撒的机会终于来了。当时，维尔辛泽托利克斯把自己的起义军带到一个名叫阿利西亚的城市。这里山高，还有围绕城市的河流，城市本身既有坚固的城墙为保护，还有外围的防务营地。但是，当恺撒得知维尔辛泽托利克斯的主力驻扎在阿利西亚城之后，马上率大军赶到这里，扎下营寨，准备决一死战。罗马人将阿利西亚城团团包围，绕城修筑了一条长达17公里的工事，并准备了足够30天用的粮草。但是，恺撒从一个俘虏的口中得知，维尔辛泽托利克斯并没有坐守待毙。他已经发出命令，要求高卢大会做出决定，每一个高卢部落都要派出一定数量的战士，组成一支多达25万人的援救大军，尽快到阿利西亚解围。恺撒马上又让他的罗马军队在自己的身后又筑起一道外防工事，以应付随时可能到来的起义者援军。恺撒的外防工事由三道宽阔的壕沟和无数的陷阱构成，每条壕沟之间相距100米，中间一条灌满了水，壕沟后面耸立着壁垒，壁垒上每隔25米建立一座多层塔楼，最上层可以瞭望，下面几层可隐藏众多士兵，这些士兵可以暗中向外投掷武器，壕沟内侧是栅栏，再后面才是军营。一切准备就绪，就等高卢起义军的援军到来，一场决定胜负的大战就会马上开始。

但是，起义军的援军却迟迟没有来。一个多月过去了，援军仍未到，城内的起义军却受不了了，因为给养发生困难。起义领袖们决定让那些不能参战的老弱病残和妇女儿童离开阿利西亚。但是，恺撒下令，不放任何人出城，以此给被围起义军施加压力。一天，城内期待已久的高卢援军终于来了。起义军对罗马军阵地发动了3次大规模攻势，战士们个个英勇无比，排成"龟甲形"队伍前进，前排战士举着盾牌，后面各排则把盾牌高举在头上，以防暗堡中罗马军人投出的武器伤害。他们用泥土和树枝填满了壕沟和陷阱，

勇敢地冲到栅栏前面。这时，站在塔楼上的恺撒看到起义军都集中到栅栏跟前，就命令他的预备部队绕过山地，来到高卢人扎下的营寨，点起大火。起义军看到自己营寨起火，急忙后撤。恺撒命令部队随后追击。结果，起义军全线溃败。这是一场决定胜负的战役。此后，高卢起义军只是在一些边远地区零星作战。到公元前51年，高卢的抵抗运动销声匿迹。从公元前50年起，高卢的形势基本稳定了。

　　是的，在高卢战争中，恺撒率领的罗马军队征服了那里的民族、镇压了那里的起义，对那些被征服者来说，其中的野蛮性和血腥性是不可否认的。但是，

古罗马角斗士

罗　马

在古代奴隶制乃至封建时代，国与国之间的相互征伐在一定的意义上带有不可避免性。对恺撒及其事业来说，高卢战争是通往胜利之路的重要阶段，因为这场战争使他获得了丰富的作战经验；掌握了政治斗争的许多知识；积累了必要的财富；最重要的，是他培养和锻炼出了一支忠于他的军队。没有这支军队，恺撒的事业就将成为一句空话。因为三头之间的联盟正走向破裂，国内的政治斗争和军事考验正等着他。

相 关 链 接
XIANGGUAN LIANJIE

罗　马

　　罗马位于意大利半岛南北方向有座亚平宁山脉，把意大利半岛分成了东西两部分,亚平宁山脉旁边,有一条台伯河,罗马位于台伯河流入地中海的海拔最低30公里处。

　　罗马位于台伯河下游的丘陵平原上，已有2500余年历史。它是一座艺术宝库、文化名城。罗马是意大利的首都，也是罗马天主教廷所在地。是意大利占地面积最广、人口最多的城市。罗马是意大利政治、历史和文化的中心，同时也是世界灿烂文化的发祥地。古城居北，新城在南。它在20世纪20~50年代建成，是拥有摩天大楼的现代化雷锋城市。罗马教廷所在地梵蒂冈位于古城区西北角。罗马古城酷似一座巨型的露天历史博物馆。在罗马古都遗址上，矗立着帝国元老院、凯旋门、纪功柱、万神殿和大竞技场等世界闻名的古迹；这里还有文艺复兴时期的许多精美建筑和艺术精品。

战胜庞培

> 一个人应该善于使用自己的才能，使它不至于枯竭，而且要和谐地发展。
>
> ——高尔基

→罗马元老胸像

公元前56年，正当恺撒在高卢征战的过程中，庞培与克拉苏之间的矛盾越来越明显了。当时，他们二人在埃及国王由谁当的问题（埃及当时也在罗马统治下）以及国内的一些政策问题上意见不合。前文已经提到，作为一种权力平衡，三头之间需保持和睦，恺撒对此非常清楚，所以，为了加强三头联盟的一致性，使庞培与克拉苏和解，恺撒提议三人举行一次会晤。会晤于公元前56年4月在意大利北部城市卢卡举行（今意大利比萨东北），历史上称之为"卢卡会晤"。

这次会晤是秘密举行的。除他们三人外，还有200

多位罗马元老来到卢卡，足见这次会晤的重要性。会晤达成的协议规定：恺撒在高卢的总督任期延长5年，领有的军团数目增加到10个，在总督任期届满后，恺撒出任公元前48年的罗马执政官；庞培和克拉苏两人同时出任公元前55年的执政官，卸任后，庞培出任西班牙总督，克拉苏出任叙利亚总督。

这一协议看来使三个人都心满意足了。恺撒可以在高卢放手干一番大事业了。同时，在公元前55年1月的执政官选举中，恺撒的士兵又帮助庞培和克拉苏顺利当选，庞培可以通过执政官职位，恢复自己的地位。而克拉苏则是最高兴的一个，他多年以来虽家有万贯财富，当过执政官，却从未在行省任过总督，这

元老院内部陈列的头像

是他梦寐以求的。克拉苏没有等到执政官任期届满，就在公元前55年年末离开罗马，前往叙利亚。

叙利亚是古代罗马在中东的一个行省。这里本来曾由马其顿国王亚历山大手下的一员大将塞琉古统治，称塞琉古王国。早在公元前64年，庞培已把塞琉古消灭，建立罗马统治下的叙利亚省。但与此同时，兴起于伊朗一带的帕提亚王国也日益强盛并抢占了塞琉古的许多地方。所以，克拉苏此次前往叙利亚，主要是想征讨帕提亚王国，扩大叙利亚行省面积，以改变自己只善理财、不善军务的名声。然而，虽然他在公元前54年取得一定进展，迅速占领两河流域和美索不达米亚，却在第二年的一次战役中，被帕提亚所打败。他的儿子小克拉苏阵亡，克拉苏本人在罗马军队撤退时与敌人谈判。在谈判期间，克拉苏被杀死，他的头和双手被砍下来送给帕提亚国王赫罗多斯。

罗马历史上的"前三头"只剩恺撒和庞培两人了。公元前54年8月—9月，庞培的妻子也是恺撒的女儿尤利亚去世，庞培和恺撒之间的联姻关系也中断了。恰在此时，罗马政坛上发生了一系列事件，终于导致恺撒与庞培之间的内战。

公元前52年，罗马著名人物克劳狄乌斯，即我们前文提到的那个与恺撒妻子通奸却被赦免的人，在与

← 元老院是罗马的决策中枢

庞培的一个亲信争夺竞选执政官和行政长官过程中，被人刺死。此事引起罗马平民们的极大愤怒，因为克劳狄乌斯被看成是平民代表。结果罗马城内连续数天秩序混乱，元老院决定由庞培平定骚乱，并由他一人担当执政官。这将意味着庞培成为独裁者，因为没有另一个执政官制约他。与此同时，元老院还赋予庞培在整个意大利征募军队的权力。在这种形势下，恺撒毫不相让，马上也宣布在高卢征兵。庞培则利用唯一

执政官的机会，颁布了一些法令，有些是针对恺撒的，特别是恺撒的高卢总督任期延长问题。这样，庞培与恺撒公开决裂了。

从公元前52年至公元前49年，围绕恺撒的权力问题，罗马政坛展开了激烈斗争。有些人主张剥夺恺撒的军权，立即派人去接替恺撒，但有人指出，如果这样做，庞培的西班牙总督职位和兵权也应剥夺。公元前50年所选的两个下任执政官也对恺撒不利，当选者都是他的对头。这一年，罗马形势极为紧张，蛊惑人心的传闻在罗马街头随时可以听见。据说，恺撒已经率领军队翻越阿尔卑斯山向罗马杀来。执政官玛尔凯路斯要求元老院立即宣布恺撒为国家的敌人，要庞培向恺撒发动进攻。而且这位执政官准备带着公元前49

古罗马恺撒头像银币

年新当选的执政官到庞培那里去。保民官库里欧等人倾向恺撒，但他们无法左右罗马局势。他们在自身难保的情况下，化装成奴隶逃出罗马，投奔到恺撒军中。于是，恺撒与庞培和元老院之间开始直接交锋。

公元前50年年末的时候，恺撒的军队确实已经越过了阿尔卑斯山，但并没有进入意大利，而是驻扎在意大利边境的拉文那，在那里观察形势发展动向。库里欧从罗马逃到这里后，向恺撒说明了罗马的情况，并劝他把军队全部集中起来，立即向罗马进军。但恺撒并没有这样做。他不仅要考虑战场上的问题，还要考虑政坛斗争的问题。所以，为了争取民心，他首先提出议和。恺撒通过他的朋友向元老院提出的议和条件是，只要元老院同意卢卡会晤协议中规定的他出任公元前48年的执政官，他同意在当选执政官前这段时间内，放弃他所有的行省和军队，只保留两个军团的兵力和伊里利亚和山南高卢。但是，元老院没有同意恺撒的条件。公元前49年1月1日，恺撒又向元老院提出第二个议和条件：他愿意和庞培同时放弃兵权。但他又指出，如果庞培保留兵权，他不但不会放弃自己的兵权，而且将为了国家和他个人所受的伤害而战斗。元老院认为，这简直就是一份宣战书。于是，元老院宣布恺撒为人民公敌，同时任命庞培为罗马的保

罗马战士戎装浮雕

卫者，并派兵前去与恺撒对抗。到此为止，内战已经
不可避免。恺撒在内战前所进行的这段政治斗争中，
显然已经占了上风，表现了大将风度，赢得了人心。

　　战前，双方都进行了鼓舞士气的动员。元老院在
公元前49年1月8日—9日在城外举行了会议，以便庞
培也能参加。会议对再次征兵、兵力部署等问题进行
了安排，庞培也向元老院表达了取胜的信心。恺撒则
在1月12日对他率领进军意大利的唯一一个军团——
第13军团发表了一个演说。我们知道，论演说才能，
恺撒在当时可以说是首屈一指，他不但说明了自己所
领导的事业的正义性，而且告诉士兵们，这一战争对
军人们是多么荣耀。然后，恺撒派兵首先抢占了阿里

米浓城。这座城市是进入意大利的第一个大城市，也是从山南高卢进入意大利的咽喉要道。在拉文那和阿里米浓之间有一条河叫作卢比孔河，这条河被认为是山南高卢和意大利本土的界河。因此，恺撒率军渡过这条河，将意味着挑起内战。恺撒先派了一支精干的部队在白天秘密进入阿里米浓城，没有流一滴血。他本人则在黄昏之后才启程，不知是因为迷路还是有意识不走那条捷径的大路，恺撒直到第二天拂晓才到达阿里米浓。据说，恺撒在渡过卢比孔河时曾犹豫了好一会。因为他知道，渡过这条河将很可能使他永远背上挑起内战的罪名。

据信，恺撒当时说了这样一句话："骰子已经掷了。"意思是说，事到如今，已没有办法收回了。看来，在内战开始之前，恺撒确实经过思想斗争，因为这毕竟关系到个人和国家的前途和命运。不论是谁，在事关重大的紧要时刻，既要考虑周到，又要当机立断，否则一事无成。恺撒正是全面考虑之后，才决心开始那场战争。

恺撒的军队几乎没有遇到什么抵抗，就连下好几座城池。公元前49年1月17日，庞培和执政官及大部分元老匆忙逃离罗马，有人开始怀疑庞培的能力。其实，即使庞培亲自率军迎战，这时候他也不是恺撒的

对手：一是因为他的主力都在西班牙，身边部队战斗力很差；二是因为恺撒的军队多年来一直在高卢作战，不论哪方面都胜过庞培军队一筹；三是恺撒一向以快取胜，庞培还没有准备好，恺撒已经快到罗马了。

3月17日，庞培带着亲信和一些元老，趁着浓雾，离开意大利，乘船渡海，来到巴尔干半岛南部的希腊。这样，在60天中间几乎没有流一滴血，就使恺撒成为意大利的主人。尽管罗马人早就怀着各种不同的心情等候恺撒，但恺撒直到3月末才来到罗马，而且在那里只住了六七天，就把罗马城的领导权委托给行政长官玛尔库斯·

→ 凯旋柱上的浮雕，军队搭乘着一艘战船

埃米利乌斯·雷必达，即"后三头"之一，自己则准备出征西班牙，去消灭庞培的主力。在罗马那一个星期中，恺撒既没有大开杀戒，也没有颁文布法，而是对其政敌采取了宽大政策。他向人们保证，绝不滥杀无辜，对俘虏无条件释放。恺撒的这种政策，赢得了许多罗马元老贵族及平民的好感和拥护，对于瓦解对手也起了一定作用。

为了巩固和扩大战果，恺撒作了周密的安排：除了命令雷必达留守罗马城以外，还派另一亲信马克·安东尼，此人是"后三头"之一，统率在意大利的军队；命令原保民官库里欧统治西西里；迅速组织两支海军舰队，一支在亚得里亚海，另一支在第勒尼安海，以防庞培来犯。完成这些战略部署之后，公元前49年秋，恺撒亲率大军，向西班牙进发。当时，庞培的两个部将培特利阿斯和阿夫累尼阿斯统治着西班牙，兵力较为雄厚。最初，恺撒由于兵力不足、给养困难和气候条件恶劣，加之对地形不熟，几次遭到对手的袭击，损失较大。但是，对方的给养也发生困难，并准备撤到希腊去与庞培会合。恺撒抓住这一有利时机，迅速切断敌人退路。敌人慌了手脚，不知是战还是和，内部发生分歧。正在庞培的两员副将意见分歧、举棋不定的时候，恺撒又切断了他们的水源，迫使他们和

西班牙

谈。结果，他们同意把西班牙让给恺撒，而恺撒则同意他们把家住西班牙本土的士兵解散回家，余下的部队带到庞培那里去。恺撒再一次表现出仁慈和大将风度，也有人说这是恺撒的又一次攻心战。40天的西班牙战役就这样结束了。

公元前49年11月底，恺撒再次返回罗马。公民大会选举他为执政官之一。当然，另一执政官是恺撒的亲信，这等于恺撒成为独裁官。虽然这次恺撒在罗马只待了短短的11天，却与上次不同。这次，他实行了几项有利于平民的立法措施：把谷物分给饥饿的罗马平民；任命估价官，对债务人的抵押品进行估价；派自己的亲信担任各行省总督；除杀害克劳狄乌斯的凶手之外，允许一切流亡者回国等等。在完成这些安定民心、巩固统治的安排之后，公元前49年12月，恺撒再次离开罗马，去与庞培决战，这样，决定命运的巴尔干战役即将来临。

自从庞培3月份逃到巴尔干以来，已经有半年多的时间进行战斗准备。到公元前49年底，庞培已经拥有11个军团的步兵、7000骑兵和装备完整的600多条战船。另外，希腊马其顿、伯罗奔尼撒的辅助军，以及克里特的弓箭手、色雷斯的投石手、本都的投枪手，也都不可小看。庞培控制着整个巴尔干半岛及其沿岸地区，人力物力都很雄厚。恺撒手中虽然有12个军团，但许多参加过征战高卢的老兵盼望退役，远征西班牙刚刚回来，又要出征巴尔干，来回奔波也搞得士

巴尔干半岛风光

兵们疲惫不堪。因此，不论从兵力还是战斗力来看，恺撒都不如庞培。公元前49年底，恺撒率领一部分军队到达勃隆度辛，准备东渡亚得里亚海，向希腊进军。但是，正当他要渡海时，海上突然起了风暴。公元前48年1月1日，风暴停息后，恺撒以很有限的一些船只，分批把部分军队轮渡到对岸，不费一兵一卒，就顺利占领俄利康和阿波罗尼亚两座城市，夺取大量军需粮草。接着，恺撒马不停蹄，日夜兼程，试图夺取希腊重镇提累基阿姆城。这座城市是庞培的军需重地，如被恺撒占领，形势将对庞培十分不利。庞培毕竟身经百战，早在恺撒攻占沿海的两个城市之后，就料定他下一个目标一定是提累基阿姆城。所以，庞培也率军向提累基阿姆城狂奔，甚至累得士兵们对他不满。最后，庞培终于赶在恺撒之前，到达提累基阿姆城。

　　恺撒的军队在提累基阿姆城附近扎下营寨，与庞培面面相对。双方以这种阵地对垒的形式相持了好几个月。双方骑兵时有遭遇，小规模的战斗也有发生，多为庞培取胜。由于庞培兵多粮足，占据有利地形，又有强大的海军封锁亚得里亚海面，使恺撒的后续部队不敢轻易行动。眼看冬天要过去了，因为手里军队太少，恺撒想等援军到来后再发动进攻。但是援军直到4月中旬才到达。此时，恺撒的军队增加到3万多人，但比起庞培的5万多人，还是不如。恺撒曾一度想攻占提累基阿姆，但没有成功。

　　7月中旬，庞培一次出击，使恺撒的军队败退下来，而恺撒则将计就计，顺势撤退，以寻战机。庞培不知是计，他把两路大军会合一处，共计5万多人，在法萨卢与恺撒的2万多人摆开阵式。历史上有名的法萨卢战役在公元前48年8月9日开始。当天早晨，庞培把意大利步兵摆在前面，分左、中、右三列，每列相隔一定的距离，骑兵摆在两翼。辅助军放在后面做预备队。针对庞培的战术，恺撒也把军队分成左、中、右三路，自己站在右翼第十军团中间。第十军团是恺撒最精锐部队，庞培是非常清楚的，所以，他专

影片《屋大维的崛起》剧照

门调来一支骑兵，并企图以人数上的优势包围它。看到庞培的新部署，恺撒调来最勇敢的3000步兵，让他们手持长矛，埋伏在第十军团附近，以备妙用。这是一次斗智斗勇的决战，双方都十分重视。决战前，双方统帅都为士兵们鼓舞斗志。庞培要他的将士"为自由、为祖国而战斗"。恺撒则鼓励他的士卒："非战胜，决不离开战场。"会战开始后，双方发出的呐喊声震天动地。恺撒的军队高喊："胜利的维纳斯！"庞培的军队高呼："不可战胜的赫邱利！"接着互相射箭、投掷梭镖，然后是骑兵互相厮杀。庞培骑兵最初占有优势，并对恺撒的第十军团形成包围之势。在这千钧一发之际，恺撒一声号令，只见伏兵四起，3000勇士犹如下山猛虎，个个手持长矛，向敌人冲过去。庞培的骑兵纷纷逃走。恺撒又令第十军团从侧面袭击敌人左翼，失去骑兵保护的庞培步兵立即陷于混乱。这时，中路和右路的庞培军队看见左路发生混乱，不知内情，也转身逃跑。于是，庞培军队开始大规模溃败。最初，他们还能一面抵抗，一面退却，保持一定的队形。后来，没有参战的辅助军被这种情形吓坏了，他们边逃边喊："我们被打败了！"顿时，庞培军队全线崩溃，败局已定。庞培看到自己的军队在溃退，心情十分沮丧。他返回帐篷，任凭战场上的战斗自行发展。直到

美剧《罗马》中的第十三军团

恺撒的士兵已经冲进他的营地，庞培才如梦初醒，他赶紧脱掉身上的甲胄，和几位亲从经营地后门向北边海岸方向逃去。这样，恺撒取得了法萨卢战役的胜利。这是古代世界军事史上一次以少胜多的突出战例。此役之后，尽管庞培还保有一定兵力，但已无力与恺撒抗衡，败局已定。

庞培逃走后，先来到地中海的一个岛上，他的妻子和一个儿子都在这里。然后，他决定携家带子到埃及去。因为埃及年轻的国王托勒密12世是庞培帮助取得王位的。战败的庞培要到埃及来，这消息在埃及宫廷传开后，年轻的国王没有主意，因为他太年轻，国家大事都由他的三个顾问做主。他的顾问们担心庞培给埃及带来不幸，决定杀死庞培。所以，庞培一到埃

及，就被人刺死。

庞培战败逃走后，恺撒便开始跟踪追击，但始终没有追上。直到两个多月后，即公元前48年9月，他才听说庞培去了埃及。恺撒马上决定带兵去埃及。其实，这时庞培已死，只不过由于通讯手段落后，消息还没有传到罗马。公元前48年10月初，恺撒率35艘舰船来到埃及，在亚历山大港靠岸。登陆之后，恺撒才得知庞培已死。但是，令人震惊的是，恺撒听到这个消息后，不但没有喜形于色，反而转过脸去哭了。

庞培

这也许正是伟人不同于凡人的地方。

庞培虽然已死，但恺撒的政治和军事任务并没有最后完成。因为，庞培在一些行省的残余势力仍在。所以，恺撒决定继续扩大和巩固战果。首先，他借口埃及国王杀害了庞培，出兵占领了埃及；然后，恺撒进兵叙利亚，击败了与庞培结盟的本都国王。他仅用5天时间就结束了小亚细亚的战斗。公元前46年，恺撒又在非洲的塔普萨斯战役中，战胜了庞培的岳父西庇阿。西庇阿的副将加图，同时也是恺撒在元老院中的老对手，兵败自杀身亡。公元前45年，恺撒再次出兵西班牙，平定了庞培之子的叛乱。至此，恺撒清除了庞培的余党，彻底战胜了庞培。

关于恺撒与庞培之间的斗争，从某一角度看，是有正义与非正义之分的，因为庞培代表了元老院守旧势力的利益，而恺撒代表了平民民主派的愿望。从顺应历史潮流发展和罗马古代文明发展来看，恺撒的胜利不但证明了他的才能出众，而且是恺撒对罗马历史发展做出的贡献。

相关链接
XIANGGUAN LIANJIE

庞　培

庞培，古罗马统帅，政治家。贵族出身。17岁随父参加同盟者战争。公元前83年投靠贵族派首领苏拉，先后在西西里、北非作战，征讨马略余部。公元前71年参与镇压马略领导的塞多留起义，并协助克拉苏镇压斯巴达克起义。翌年当选执政官。公元前67年受命清剿地中海海盗，采取分区进剿、剿抚并重方针，速见成效。公元前66至公元前65年征服本都，结束米特拉达梯战争，继而吞并叙利亚和巴勒斯坦，于公元前61年凯旋罗马。翌年与克拉苏和恺撒结为"前三头同盟"，左右罗马政局。公元前53年克拉苏去世，同盟趋于解体。公元前49年1月恺撒进军罗马，他率军退守希腊。庞培被恺撒穷追不舍，向埃及托勒密求援。托勒密亲自到海岸欢迎他，但是埃及国王和他的朝臣们早已决定不冒触怒胜利者恺撒的风险。当庞培举足踏上陆地的时候，就遭到背信弃义的突然袭击，遇害身亡。埃及人割下他的头颅，焚化了他的尸体。

独裁统治与政治改革

> 野心是狂暴的，而权威却是稳重而平静的。
>
> ——培根

公元前46年7月25日，恺撒在打败西庇阿，结束了非洲战役之后，胜利回到罗马。尽管庞培的两个儿子还在西班牙，但内战已经基本结束，没有人能够对恺撒构成威胁。他终于可以在罗马住下来，去实现心中那伟大的抱负。

公元前46年8月，元老院为恺撒举行了盛大的四重凯旋式：对高卢、埃及、本都和非洲的胜利。庆祝活动进行了4天，还有一天用来休息。据说，在凯旋式上展出的金王冠有2822顶，总重量达20414磅，金银财宝无计其数。凯旋式之后，恺撒把这些财富慷慨地分给军队将士和罗马平民，又一次表现出恺撒的宽宏大量。此外，他还为罗马人举行了有22000桌的盛

美剧《罗马》中，元老们在凯旋仪式上

元老院

大宴会和各种表演、比赛。

　　恺撒胜利了，随之而来的是人们那无限的忠诚和尊敬。那些忠诚和尊敬包括发自内心的、被潮流推动的、被恺撒那无法抵挡的军事和政治才能所威慑的等复杂因素。在那一年中，恺撒被推举为终身独裁官，为期10年的执政官，终身保民官和罗马大祭司，集军、政、司法大权于一身，并拥有"祖国之父"的光荣称号，恺撒的人身神圣不可侵犯。为了表示对恺撒的尊敬，元老院规定：他可以坐在由黄金象牙雕刻的宝座上处理公务；永远穿着凯旋的服装致祭；僧侣和维斯塔女神祭司每五年为恺撒举行一次公共祈祷；最高行政长官就职时，要向恺撒宣誓效忠。此外，为了

表示对恺撒门第的敬意，元老院决定，罗马历的5月，即公历的7月，由昆提利斯月改为朱利月，因为恺撒姓朱利亚。这正是现在英语7月July的由来。

现在，恺撒已经拥有了罗马的一切，成为无冕之王，真正的独裁者。在当时的古代罗马，所谓的共和制不过是贵族专制，广大罗马平民并没有从共和制中得到什么好处，被罗马征服的许多其他民族还没有公民权，罗马社会的各种制度还很不完善。在这种形势下，国家需要实行必要的改革，以推动奴隶制文明的发展。

恺撒在这个关键时刻，战胜了自己的政敌，成为独裁者，这才使他有可能实现他心中的政治抱负。即不但使罗马国家昌盛，而且使人民享有应得的权利和幸福。此外，当时的罗马是奴隶制时代，奴隶制度下的民主和自由与现代完全不同。因此，我们不能用现代标准去衡量恺撒。历史发展也证明，恺撒为古代罗马文明的发展立下了一座永恒的丰碑：尽管他在多年征战中犯有罪恶，但他的胜利和改革推动了罗马的社会发展；尽管他把罗马共和制变成了独裁制，但他使罗马奴隶制又前进了一步，他成为罗马帝国的奠基人。

恺撒取得政权以后，为了巩固自己的统治，稳定局势，缓和社会矛盾，采取了一系列具有历史意义的

恺 撒

改革措施。

　　内战结束之后，恺撒所面临的第一个问题，也是最重要的和刻不容缓的问题，就是尽快满足他的那些老兵的要求。从公元前58年以来，恺撒的老兵跟随他南征北战十几年，历尽千辛万苦，为的就是胜利。据罗马历史学家阿庇安说，恺撒曾对手下士兵做了如下许诺："我把土地给你们所有的人，但不是像苏拉那样，从私人地主手里夺取土地，并且使被夺取者和夺取者混住在一起，从而使他们始终处于相互敌视的状态。我分给你们的将是公有地和我自己的土地，而如果需要的话，我还将购买土地分给你们。"所以，恺撒在庆祝胜利之后先把财富按不同官职分给部队官兵，然后开始分配土地。毫无疑问，在当时条件下，分配土地是一项极为复杂的工作，恺撒不但要了解军队老兵的情况，诸如家庭住址、要求和愿望等等，还要知道土地情况。最后，恺撒根据不同情况采取了不同的分配措施：对一些退役老兵，在适当地区分给土地；对退役军官，给予在自治市和行省担任长官的优先权。与此同时，他还推行广泛的殖民计划，在亚洲、非洲和欧洲的巴尔干地区等地建立了许多殖民地，用来安置退伍兵、被释放的奴隶和贫苦平民等。大约有8万移民被分配到这些地方，他们在那里得到土地，可以赖以生存。恺撒的土地政策解决了内战结束后大批退役士兵的安置问题，而他的部下被分派到各地，又加强了他对全国的控制。得到土地的人们对恺撒也十分感激。

在政治上，恺撒首先面临的是如何结束原有统治，建立起自己的统治集团。罗马的主要政权机构当然是元老院。恺撒下令改革元老院，扩大元老数目，把元老院由500人扩大到900人，使元老院成为他的咨询机构。在这一改革中，恺撒大量提拔自己的亲信，其中多数是一些非元老贵族出身的奴隶主，他们有的是恺撒的部将，有的是行省上层分子和意大利自治市的新贵族，还有苏拉时期被宣布为不受法律保护的人和过

元老院中的浮雕

去曾因被指控受贿而判了罪的人。恺撒对元老院的调整使元老数量增加了将近一倍，而新增加的人选不论从地域还是从社会阶层看，都使元老院所代表的范围比以前扩大了许多。而且这些新扩大进来的元老至少在开始的时候都成为恺撒的拥护者。

作为一个统治者，手下政府各个部门是否工作有效，是否忠诚，是十分关键的问题。为了提高政府工作效率，恺撒把财政官从原来的20人增加为40人，把营造官从原有的4人增加为6人，把大法官由原来的8人增至10人。其他一些官职，如市政官、占卜官、祭司等，人数也有增加。按照恺撒的规定，除了执政官竞选要由指定的人进行外，其他官位的竞选人要有一半由公民大会选出，另一半由恺撒本人推荐。当然，公民大会选出的，也必然是恺撒赞同的人。通过这些措施，恺撒使自己政府的工作效率提高了，政府官员的可靠程度加强了，使国家统治机构更加完善，统治更稳定。

在共和国时代的罗马，公民权问题是许多人所关心的大问题。随着罗马的扩张，并入罗马的地区不断增加，罗马统治的人口也不断增多。但是，对于新近吞并的行省居民来说，取得罗马公民权是不容易的。正因为许多被征服的地区居民不能取得公民权，不能

← 恺撒头像

拥有罗马奴隶主和平民的政治和经济权利，那些行省才不断出现反叛或起义。早在任高卢总督期间，恺撒就曾在公元前49年授予山南高卢和西班牙若干城市以罗马公民权。因为此事，恺撒曾受到元老院的责难，但此举对恺撒争得民心和扩大兵源却大有益处。取得独裁统治权之后，恺撒又实行自治城市的改革。按照公元前46年的自治城市法，自治市将不再属于行省，而是实行特定的管理制度。特别是规定了自治市议员

必须具备的资格，自治市公共设施采用罗马方式等等，对古代罗马社会都产生了很大影响。由于恺撒使某些殖民地变成了自治市，又规定了自治市的统治方式，无意之中传播了罗马文化，同时加强了罗马各地的经济和文化交流，促进了各民族间的融合。从行政管理体制上看，自治市也便于加强中央集权，统一思想和行动。

社会的繁荣与发展，必须有稳定的社会秩序，而社会秩序的维护主要依靠法律这一武器。为了稳定社会秩序，恺撒提出整顿法纪。例如，加速诉讼程序，取消原来的保民官10人法庭，重新由元老、骑士组成法庭；取消公元前58年1月3日克劳狄法所建立的市

罗马风光

区协会，这是一种以宗教团体为名义的平民组织；重申公民人身不可侵犯，犯叛逆罪者没收其全部财产，煽动暴乱者剥夺公民权，其他犯罪则没收的财产。另外还有其他一些措施。

在经济上，恺撒建立了一套由国家直接征收赋税的制度。他取消原有的包税制，改由国家直接征税。

←油画罗马骑士

原有的包税制弊多利少，国家税收控制在地方一些包税商手中，这些人经常以这种特权贪赃枉法，大发横财，前文中谈到的克拉苏就是一个例子。早在公元前59年担任执政官时，恺撒就曾以"反勒索法"制裁某些行省官员滥用职权贪污舞弊的行为。此外，恺撒还在一些地方取消了什一税。什一税是一种宗教税收，基督教徒必须把收入的1／10交给教会，因而广大平民负担十分沉重。另外，恺撒还制定了反奢侈法，如禁止用珍珠，在集市上有限制地出售美食，禁止建豪华墓碑等等。这些措施对于整顿吏治，建立良好的社会风气，都有一定作用。

公元前46年，恺撒进行了历法改革。他让埃及天文学家索盖涅斯负责这项工作，结果创立了朱利历法。以前，罗马历法比较混乱，都以太阴历计年。恺撒按照埃及人的计年方法，改用太阳历，把每年定为365天，每4年加一天，称为闰年，自公元前45年元旦开始施行。这种历法在西欧一直采用到16世纪。传入俄国以后，这种历法被称为俄历，一直使用到十月革命（1917年）。俄国十月革命发生在公历1917年11月7日，这一天正是俄历10月25日，因而才被称为十月革命。

恺撒还有许多没有完成的计划和方案。他打算修

罗马神殿

建一座宏伟的玛尔斯神殿（战神殿），并为此填平了一个湖。在塔尔佩亚岩附近，他打算修建一座巨大的剧场。他计划公布一部法典，设立希腊的和罗马的图书馆，并把这件事委托给了玛尔库斯·瓦罗。他想把彭普提努斯沼泽清干，想把富奇努斯湖的湖水放走，想整修从亚得里亚海穿过亚平宁山通向梯伯河的道路，还想挖通伊斯特穆斯地峡。另外，在军事措施上，他打算平定攻入本都和色雷斯的达奇人，然后通过小阿尔明尼亚去攻打帕提亚。

就在恺撒的各方面改革正雄心勃勃地进行时，恺撒却不得不中断改革，离开罗马。因为，公元前45年，庞培的两个儿子在西班牙重新打起庞培派的大旗，

而且越闹越凶，恺撒不得不亲自前去镇压。公元前45年10月，恺撒胜利结束了西班牙战争，这也是内战的余波，或称最后一仗，他又一次回到罗马。恺撒接受了新的凯旋式，这是他第五次，也是最后一次接受凯旋式。

自从成为罗马独裁者之后，恺撒并没有忘乎所以，他先是拒绝了让他连续担任10年执政官的建议，然后，在从西班牙回来的凯旋式不久，又交出了唯一执政官的称号，并且为剩下的3个月举行了新的执政官的选举。在这3个月里，显然是按照恺撒关于高级长官的法律选出了行政长官和财务官，以代替市政官。

看来，罗马的情况好像正在走向正常化。换句话说，恺撒改革的时代正在过去，而国家正在走上它应该走的正常轨道。作为一代英豪的恺撒，尽管他战功卓著，深受欢迎，但如同其他著名政治家一样，有拥护他的，也必然有反对他的。就在恺撒准备继续把自己的政治之船航向远方时，他被暗杀了，独裁统治和政治改革由此中断。

作为文学家和历史学家的恺撒

> 人有多少知识，就有多少力量，他的
> 知识和他的能力是相等的。
>
> ——培　根

在描述恺撒遇害事件之前，还是让我们先来看看作为文学家和历史学家的恺撒。

作为古代世界著名军事家，恺撒曾留给后人许多辉煌战绩，为罗马帝国的建立奠定了广阔的疆域基础，为军事史研究者留下了宝贵的资料。作为政治家，恺撒在罗马共和国晚期实行的统治和改革，推动了罗马历史的发展，奠定了罗马帝国的政治根基，使罗马奴隶制进入一个新时代。但是，一般人很少知道，也很难想象，恺撒不但是伟大的军事家和政治家，同时还是一位文学家和历史学家。在文学史和历史领域，恺撒也给后人留下了一份不可多得的财富。

早在青年时代，恺撒就以擅长讲演而闻名，所以，他的许多演讲词被人抄诵，有些流传至今。在几十年的戎马生涯中，恺撒还有许多报告和书信，其中记载

了他所经历的许多次战役，有的被整理成著作。后来，有人把恺撒的一些作品收集在一起，出版了《恺撒著作集》，其中包括著名的《高卢战记》《内战记》《亚历山大记》《阿非利加战记》《西班牙战记》等。这些著作在今天的文学研究和历史研究中，都具有重要的参考价值。有些甚至是研究恺撒时代的唯一的历史依据。

当然，那些收入《恺撒著作集》的作品，虽然通常冠以恺撒的名字，但很可能并不都是出自恺撒一人之手。其中有的是由其手下将领或士兵所写。例如，人们都承认，《高卢战记》的最后一卷，即第八卷，就是由恺撒手下的一位著名将领奥卢希·希尔提乌斯写的。但是，这并不影响恺撒对文学和历史学的贡献。

→18世纪版《高卢战记》

美剧《罗马》中的恺撒

因为，不要说恺撒著作的主体是恺撒所写，也不要说其他人所写的作品中，也与恺撒有关，仅从这些伟大的著作的内容看，恺撒这个名字已经被后人熟知和难忘。

恺撒作品的写作特点和写作方式，也不同寻常。例如，他的几部描述和记载战争的著作都带有回忆录色彩，有的就是回忆录。因而，给人一种十分可信的印象。在写作中，恺撒始终用第三人称来记述历史，以求其叙述的客观性和真实性。尽管有人认为，恺撒是要通过这些著作为自己树碑立传，歌功颂德，但是，从那些著作中，人们不难看出，恺撒确实是一位精通军事的专家和富有经验的天才统帅。

关于恺撒作品的文学价值，人们从其作品的文笔

和写作方式上可以领略，特别是他那些演说词。我们知道，在早年和后来罗马政坛的争斗中，在每一次大的战役开始前，恺撒都要发表激动人心的演说。据说，有的演说词是那样出色，以至于人们事后相互抄诵。例如，在公元前77年，恺撒指控盖乌斯·科尔涅利乌斯·多拉贝拉的演说词，就曾被人们到处传抄，并且至少保存到2世纪，因为公元2世纪罗马著名历史学家塔西佗也知道这篇演说。

人们普遍认为，在所说的恺撒众多的著作中，只有《高卢战记》的前7卷和《内战记》是出自恺撒手笔。因而，不论从文学角度还是历史学角度看，这两部书都是研究恺撒及其时代的重要资料。对于中国读者来说，直接研究和了解恺撒的大门已经打开。早在1979年，商务印书馆就已经出版了恺撒《高卢战记》的中译本，作为"汉译名著"之一。

据信，《高卢战记》前7卷的基础，是公元前58年至公元前52年，恺撒作为高卢总督时写给元老院的报告，还有他写给自己的副帅们的书信，最后在公元前52年至公元前51年冬季又加工定稿成书。因为当时正值罗马元老院和庞培对恺撒进行攻击，为了反击政敌，也是为了宣传自己在高卢的功绩，恺撒才完成了这部著作。但是，如前文所述，恺撒在高卢一直待到公元前50年，后两年的事没有收入《高卢战记》，不免是一个遗憾。所以，恺撒死后，他的好友、历史学家希尔提乌斯续写了该书的第8卷。

由于古代罗马外派的行政长官给元老院的报告一般都要受到十分认真的审查，所以，人们认为，恺撒《高卢战记》所记载的内容是可信的。而且，从当时恺撒政敌对恺撒的攻击，以及后来对恺撒持批评态度的学者的观点看，他们从没提出恺撒报告有什么可疑。因而，尽管《高卢战记》不是一部精心撰写的历史著作，不是想传之永久的专著，而只是事件参加者的鲜明生动的、尽可能真实的叙述，该书还是受到历代史学研究者和文学研究者们的青睐。例如，与恺撒同时代的另一位著名作家，当时罗马政坛上的另一个顶尖高手、恺撒的政敌之一西塞罗曾着重肯定了《高卢战记》的文学价值。他认为，该书"摆脱了雄辩术的华丽外衣"，因而具有淳朴和魅力。该书第8卷的作者希尔提乌斯在评价该书的历史价值时认为："作品受到如此一致的赞扬，以至可以说，历史学家已经有了现成的作品，而无需由他们再来表述了。"

《高卢战记》的最大特点，是寓功过是非于客观冷静的叙述之中。从头至尾，恺撒都用的第三人称。该书以一种异常简洁的笔调叙说战事，丝毫不流露作

者自己的爱憎情感，以期造成一种强烈的真实感，给人以光明磊落的印象，收到了较好的政治效果。但是，在这种平铺直叙、朴素直率的背后，隐藏着作者的真正意图。首先，要记住，恺撒的主要作品都是他写给元老院的报告，后来又经过整理而成书的。作为一个在外征战的将军，在给元老院的报告中说明自己的政绩，这不但是正常的，而且是必然的。所以，恺撒著作中宣传自己的意图是明显的。这是无可指责的。其次，恺撒著作的另一个重要目的，是要宣传他和部下们在各地征战、艰苦创业、浴血奋战的情况，从而告诉罗马人民，没有他这样一位高风亮节、一心为国的统帅，没有他那支英勇无敌的军队，以及这支军队的流血牺牲，就不会有意大利的安宁和兴旺，就不会有罗马帝国的强盛和存在。从这一角度看，恺撒的事业是值得记载、应该歌颂的。更何况那些记载和歌颂是基本符合历史的。另外，恺撒在著作中说明自己的决定作用，以及广大士兵对他的由衷爱戴的另一层意思，是要向他的政敌们表明自己的天才和实力，以期达到警告他们不要轻举妄动、自食恶果的目的。从而也委婉地表达了他最终夺取最高权力，振兴罗马的远大政治抱负。

《高卢战记》不仅记叙了战争的战事，还记载了

日耳曼人

山北高卢、莱茵河东岸以及不列颠地区的民族习惯、山川形势等自然状况。在恺撒之前，虽然也有一些希腊作家对上述地区进行过介绍，但那都是根据传闻所做的一知半解的描述。而恺撒则是罗马共和国时代第一位根据自己的亲身经历、详细记载这些地区情况的历史学家。马克思、恩格斯在《论日耳曼人的古代历

史》《马尔克》《家庭、私有制和国家的起源》等著作中，都曾大量引用或参考过恺撒的记载，并给予很高的评价。可见，《高卢战记》无疑是最早详细记载这一地区居民生活状况的珍贵文献，是研究这一地区原始社会解体、国家起源的重要依据之一。

《高卢战记》描写了近10年的战争，涉及时间长、规模大，因而也为军事史研究提供了许多不同类型的战例。书中还较为真实地反映了战争的全貌，不但多次提到了被征服地区民族酷爱自由、勇敢顽强的斗争精神，而且记载了和透露了那场战争的掠夺性和野蛮性，从而使后人对古代奴隶制度下战争有所了解。

与《高卢战记》相比，恺撒的《内战记》另有特色。如果说，《高卢战记》是历史研究的珍贵资料，那么《内战记》则是一部文学佳作。由于该书文笔清晰简洁，而且是用拉丁文写成，所以，成为初学拉丁文者的必读之书。

3月15日事件

有时候，一个人只有在他死后才能被人理解，就像读一本好书一样，只有读完了最后一行，才能理解。

——高尔基

公元前44年3月15日，恺撒在元老院议事厅突然被刺身亡。这一时间距他从西班牙胜利归来仅4个多月。读者不禁要问：根据本书前面的叙述，恺撒作为

当毫无戒备的恺撒刚刚步入元老院，元老们就将他团团围住，由恺撒最亲密的知己好友布鲁图刺下了第一刀，恺撒伸出手，对自己突如其来的遭遇感到不可置信

一个杰出的军事家和政治家，拥有那么高的政治地位，那么不寻常的才能和智慧，那么多真心实意地拥护他的元老、官兵和平民百姓，为什么竟然会在突然之间被刺死？行刺又是在什么情况下发生的？什么人安排的？造成什么历史性的后果？

应该说，恺撒被暗杀不是意外的，而是罗马政治斗争的结果和产物之一。也可以说，是恺撒自己多年政治军事斗争遗留下来的一个恶果，也可以认为，是恺撒在政治斗争中的一次失败。失败总是难免的，恺撒也经历过许多次失败，但这次失败使恺撒付出了生命的代价。

暗杀恺撒的是他的政敌。如同其他政治活动家一样，恺撒在网罗自己一派的同时，已经树立起自己的对立面。特别是恺撒在罗马建立军事独裁统治之后，许多罗马元老，包括一些过去曾拥护恺撒的人，都对这种独裁统治不满。他们通常被历史学家称为"共和派"。共和派视恺撒为暴君、共和国的颠覆者和王权的觊觎者。但是，由于恺撒势力的强大，使他们不敢公开反对，只能在暗中进行活动。这些人表面上对恺撒十分尊敬，实际上早就在秘密串联、网罗党羽，组成密谋集团，煽动公民对恺撒的不满，并伺机组织对恺撒进行暗杀。

内战结束之后，军队大部分已经解散，恺撒的老兵们已经为恺撒卖命多年，如今他们心中想的已不是打天下，而是分到土地和过平静的生活。现在，恺撒已经失去了那支无可战胜的军队，失去了不可或缺的支柱。从另一个角度讲，如果说军队是恺撒战场上的一把利剑，那么这把利剑拿到政坛上就不那么灵了。内战结束之后，恺撒与对手的斗争也从沙场转移到政坛之上，军队的作用已不那么突出。

如果说恺撒的成功是依靠广大罗马平民的支持，那么恺撒的失败则是他失去平民的必然结果。在几十年的斗争中，恺撒作为民主派领袖，曾多次为平民说话，提出过许多有利于平民的法案，甚至不惜花费大量钱财，来换取平民和骑士们的支持。但是，成为罗马唯一的统治者之后，恺撒的身份和地位变了，他需要的是如何巩固自己的政权，那么，恺撒就不得不缓和与上层奴隶主之间的矛盾，加强统治机构和措施，逐渐放弃了或者说减少了考虑平民利益的问题。事实上，早在内战结束之前，恺撒的军队就曾两度镇压了罗马市民的暴动，一次在公元前48年，一次在公元前47年。恺撒担任独裁官之后，又把从国家无偿获取面包的贫民人数由30万减至10万。他这样做的原因，一方面是因为财政困难，另一方面是听了贵族们的劝告，

他们认为这种无偿分配面包的配给制使罗马公民腐化了。此外，恺撒还取消了罗马工匠行会。所有这些都使他失去了罗马平民的支持。

贵族共和派蠢蠢欲动，罗马市民日渐不满，上下两股潮流汇合在一起，在罗马社会上就形成了一种对恺撒独裁不满、对共和制度向往的气氛。几个世纪以来，罗马一直是共和国制度，除了奴隶和外国人外，罗马公民们享受着当时世界上最大的民主，他们对恺撒成为无冕之王愤愤不平。在这种形势下，恺撒的信徒们却毫无顾忌地奉承恺撒，这更助长了不满情绪的增长。有一次，恺撒在回城的时候，他的信徒在城门附近迎接他，公开地称他为皇帝。恺撒发现，周围的公民对此大为不满，便装出一副没听懂的样子，对他的信徒们说："我不是皇帝，我是恺撒。"好像是在纠正信徒们喊错了的称呼，试图掩人耳目。还有一次，他的一个信徒给矗立在广场上的恺撒像戴上了缠绕白色带子的桂冠，这是象征皇帝尊严的标志。两位保民官搜捕了那个人，理由是恺撒早就反对人们把他说成是国王。恺撒对此没有表态。可是，事隔不久，当他从外地返回罗马，信徒们又一次像欢迎国王一样欢迎他，保民官又一次搜捕那些信徒时，恺撒则在元老院发表讲话，指责那两个保民官别有用心，并认为应该

←元老院门前的雕像

把他们送交法庭审判，处以死刑。结果那两个保民官被撤职，并赶出元老院。这种做法无意之中加深了人们对恺撒的不满和对共和的向往。后来，在选举下一年度执政官时，许多人投票赞成那两个被恺撒撤职的保民官为执政官。

公元前44年3月初，恺撒全力以赴准备远征亚洲的帕提亚王国。有人说，恺撒之所以要进行这次远征，是为了得到另外的头衔，即公开宣布称王称帝。在他出发之前，元老院准备在3月15日召开一次会议。在会议上，将由祭司宣布，根据罗马人信奉的西比拉预言书，只有国王才能打败帕提亚人。如果这个决议在元老院通过，则证明元老院同意恺撒为罗马国王。恺撒的政敌们不愿意看到那一幕的出现，他们加快行动

步伐，准备在表决前刺杀恺撒。此时，参加密谋的已达60多人，为首者是马克·布鲁图和盖约·喀西约。这两个人都曾经是庞培集团的人，在法萨卢战役后投降到恺撒门下。有一次，他们两人见面，喀西约问布鲁图，是否出席3月15日元老院会议。布鲁图说，他不准备参加。喀西约又问："但是如果邀请我们去呢？"布鲁图回答说："在那种情况下，我是不会沉默的，我一定要保卫自由，并为自由而死。"足见这些人反对恺撒独裁的决心。

3月15日的前夜，恺撒到雷必达家赴宴，话题偶然转到怎样死更好的问题上，恺撒突然感到死亡的阴影在向他袭来。回家之后，当恺撒在自己的卧室里睡着以后，房屋的门窗突然自己打开，嘈杂的声音惊醒了恺撒，他看见自己的妻子正在哭泣。原来，她梦见自己的丈夫在她的怀抱里被人刺死，并且鲜血直流。天亮以后，恺撒的妻子觉得这个梦很不吉利，劝他不要到元老院去参加会议了。恺撒以前从来没有信过这些，但这次他也犹豫了。最后，他决定派亲信马克·安东尼前往元老院，通知取消这次会议。这时，参加阴谋集团者之一，与恺撒关系十分密切的德西姆·布鲁图，劝说恺撒还是去元老院为好，哪怕去看看，再叫那些元老解散，也免得别人说三道四。这样，恺撒又改变了主意，在德西姆·布鲁图陪同下离开家，一起前往元老院。

在前往元老院的途中，恺撒遇到一位名叫斯普林那的占卜师，此人曾告诉恺撒，当心3月15日会有危险，但恺撒不相信占卜。所以，今天相遇后，恺撒开玩笑地对他说："你知道，3月15日已经到了。"但斯普林那意味深长地回答说："是啊，已经到了，但是还没有过去。"随后，又有一个奴隶想到恺撒面前，但被恺撒身边的人挤开了。这个奴隶来到恺撒的家，告诉恺撒的妻子，他要等恺撒回来，以便告诉他一件极为重要的事情。最后，恺撒遇到了他的一个朋友，希腊文学家、克尼多斯人阿尔提米多洛斯。他把一个字条塞给恺撒。当他发现恺撒把字条交给了身边的一个奴仆时，他赶紧走上前去对恺撒说："恺撒，亲自看看这个吧，不要给别人看，而且要立刻看，里面写的是对你至关重要的事情！"恺撒微笑着向他点点头，把字条拿回在自己手中。但由于遇到的求见者一个接一个，尽管他几次想打开这个字条看看，却一直没有时间，直到他走进元老院议事厅。所有上述描绘说明，刺杀恺撒的阴谋已经走漏了消息，许多人以各种方式想告诉他，但都由于各种偶然因素，未能如愿。至于门窗和噩梦之事，可能只是一种巧合。

　　在预定召开元老院会议的议事厅，阴谋分子们早已做好了一切准备，他们个个身藏利刃。可是，当恺撒突然准备取消这次会议的消息传来时，阴谋分子们以为恺撒知道了事情内幕，顿时，气氛紧张得很。有一位元老走到阴谋参加者卡斯卡面前，拉住他的手说："你瞒着我，可布鲁图把一切都告诉了我！"卡斯卡吓得心慌意乱，不知怎样回答才好。但对方却笑着说："你是从哪里弄到担任营造官所需要的钱的？"卡斯卡这才松了一口气。元老列那斯看见马克·布鲁图和盖约·喀西约在一起低声交谈，便突然走到他们面前，祝他们计划的事情成功，并且劝他们快点干。布鲁图和喀西约都吓坏了，以为他也知道了内幕。恰在此时，恺撒来到议事厅，列那斯迎上前去，在入口处拦住了恺撒，并同他交谈起来。阴谋者听不到他们在谈什么，以为列那斯在告密，他们互相交换了一个眼色，抓住藏在衣服下面的匕首，准备趁人们还没有逮捕他们时立即自杀。就在这时，列那斯与恺撒的谈话结束了，从两人的脸色可以判断，他们的担心是多余的。

　　恺撒进入议事厅后，元老们都站起身来向他打招呼，以示尊重。阴谋分子们按照事先预定好的计划分成两部分，一部分站在恺撒座椅的后面，另一部分则随着一个名叫奇姆倍尔的人迎着恺撒走去，为奇姆倍尔被放逐的兄弟请求宽恕。他们一面请求，一面陪着恺撒走到他的座椅跟前。恺撒拒绝了他们的请求，并坐了下来。他们又一次提出请求，同时拉住恺撒的手，有的吻着恺撒的胸部。恺撒心里很不高兴，站起身来，准备走开。这时，奇姆倍尔用手抓住恺撒绛红色的外袍，并把外袍从其颈部拉了下来。这是动手的信号。站在恺撒身后的卡斯卡第一个抽出短剑，向恺撒脑后刺去，但伤口并不深，可能是由于太紧张的原因。恺撒转过身来，抓住了卡斯卡的剑柄，两人几乎同时喊了起来。受伤的恺撒用拉丁语喊："卡斯卡，你这坏蛋，你在干什么！"而卡斯卡则用希腊语喊道："兄弟们，快来帮忙啊！"没有参加阴谋的元老们被这突如其来的情况吓得不知所措，既不敢喊，也不敢跑。而所有的阴谋分子都抽出利刃，把恺撒紧紧围住。不管恺撒往哪个方向看，都有刀剑向他袭来。因为阴谋分子们已经约定，所有的人都要参加刺杀。

恺撒身上流着血，边喊边抵抗。但是，他手上除了一支铁笔外，没有任何武器。他用这根铁笔刺伤了卡斯卡的手臂，然而，当他看到一向被自己信任的布鲁图也手持匕首向他刺来时，不禁吃了一惊。他喊道："布鲁图，连你也这样吗？"在这以后，恺撒便停止了反抗。他用外袍蒙住自己的头，倒在地板上，忍受着

恺撒在元老院就座时，阴谋者全都向他围拢过来，60人参与刺杀，恺撒被刺23刀，倒在血泊中

攻击。由于大家相互拥挤乱刺，行刺者身上也都流着血。最后，恺撒在他的对手庞培的雕像脚下气绝身亡，全身受伤23处，但只有2处是致命伤。

恺撒被刺死后，元老院里才出现了真正的惊慌。布鲁图本想对元老们发表演说，但议事厅内已空无一人，所有的元老都吓跑了。过了一段时间后，才来了3个奴隶，把恺撒的尸体搬到抬床上抬回家去。恺撒的手臂从抬床上软弱无力地垂落下来。几个小时以前，他还是罗马的统治者。

恺撒死后，阴谋分子们并不知道自己应该做些什么。他们以为，恺撒一死，人民就会欢天喜地地来恢复"共和政体"。然而，迎接他们的，却是一种危险的沉默。恺撒的近友安东尼和骑兵统领雷必达，都在自己家里设置了防卫工事，以防不测。

第二天，元老院召开会议。阴谋分子们在会议上宣扬自己"捍卫"共和政体的丰功伟绩，还提议称布鲁图和喀西约为"解放者"，同时宣布恺撒为暴君，把他的遗体投入台伯河。但是，恺撒的部下安东尼很快使这些人的热情冷了下来。安东尼指出，如果这样做，就要把恺撒过去颁布的许多命令废除，那些从恺撒手中获得高官厚禄的人就要失去自己的职位，而如果剥夺恺撒的老部下们的利益，他们一定会起来反抗，统治者的地位将自身难保。安东尼的警告立即产生了效果，恐怖和自私自利的心理开始压倒阴谋者们对共和政体的"热爱"。最后，元老院通过了这样一个决议：决定隆重地安葬恺撒，并宣布恺撒的一切命令依然有效。对于那些参与刺杀恺撒的人，元老院也没有表示感谢，只是宣布赦免他们，并决定赶快把他们送到远离罗马的地方去。结果，德西姆·布鲁图被派往高卢

行省；马克·布鲁图和盖约·喀西约被派往两个小省

份：一个是克里特岛，另一个是施勒尼。

后来，安东尼掌握了罗马大权。但恺撒的甥孙，
同时也是恺撒的养子屋大维则成为恺撒的继承者，恺
撒的另一个得力助手雷必达也不是等闲之辈。这三个
人之间的矛盾日渐明显，为了求得暂时和平，屋大维、
安东尼、雷必达在公元前43年10月达成"后三头同
盟"协议。公元前36年，雷必达被屋大维解除兵权。
公元前30年，安东尼被屋大维打败后自杀身亡。从
此，屋大维独掌罗马政权。公元前27年1月，屋大维
完成了法律上的手续，改罗马共和制为元首制，他自
称为"元首"，元老院授予他"奥古斯都"尊号。由恺撒奠定的罗马帝国从此正式步入正轨，逐步走向繁荣。

→ 奥古斯都的头部雕像

千秋功罪任评说

评价一个人不应根据他的才能，而应
当根据他怎样善于发挥才能。

——拉罗什弗科

世界荣誉的桂冠，都用荆条编织而成。

——贾　赖

在世界历史上无计其数的杰出人物中，恺撒无疑是头等重要的人物之一。他被冠以伟大的军事家、政治家、文学家、历史学家等光荣头衔；同时，也有人骂他是暴君、罗马共和国的颠覆者、独裁者等等。他的政绩不但是历史教科书的不可缺少的内容，而且被莎士比亚等著名作家编成剧目上演。至于专门研究恺撒的学者和专家，更是无计其数。恺撒研究涉及的领域越来越广，研究越来越细，从政治到军事，从文学到历史，从社会活动到个人生活，从思想理论到脾气禀性，无所不包，无处不探。然而，两千多年来，人们在不同的时代、不同的地区和国家，站在各自不同的立场，出自不同的目的和角度，对恺撒的认识和评

价却大不相同，有天壤之别。恺撒到底是怎样一个历史人物？本书难以回避这个既微妙而又现实的问题。

　　首先，人们对历史人物的认识，常常从他在历史上的作用开始。对恺撒也是一样。而个人在历史上的作用，简单说来，无非是推动了历史发展，还是阻碍了历史发展的问题。恩格斯在1894年1月25日写给符·博尔吉乌斯的信里指出："恰巧拿破仑这个科西嘉岛人做了被战争弄得精疲力尽的法兰西共和国所需要的军事独裁者，——这是个偶然现象。但是，假如不曾有拿破仑这个人，那么他的角色是会由另一个人来扮演的。这一点可以由以下的事实来证明，即每当需要有这样一个人的时候，他就会出现：如恺撒、奥古斯都、克伦威尔等等。"恺撒生活在罗马奴隶制共和国时代，确切地说，是这一共和制度出现危机、走向没落的时代。当时，罗马的许多旧制度已不适应社会的发展。例如，古老的配给制助长着罗马人好逸恶劳的作风，元老院的特权使应该改革的政策无法进行，不断扩大的罗马帝国中，拥有公民权的人数相对减少，陈旧的包税制使经济发展受到制约，新兴阶级，如骑士阶级，没有得到应有地位，等等，这些问题在共和国的外衣下难以得到解决。事实上，自从苏拉独裁以来，共和国已基本没有什么共和可言。正如恺撒所说：

"共和国——这是一句空洞的话，没有意义，没有内容。"那么，在这种大势所趋的形势下，恺撒顺应历史发展的潮流，实行独裁，实行改革，在事实上把共和国变成帝国，有什么可指责的呢？历史发展的步伐和事实已经证明，继续守着那个徒有虚名的共和制已经毫无意义，而恺撒的政策，如扩大公民权和行省自治权，恰恰顺应发展，顺乎民心。没有恺撒及其业绩，何谈罗马帝国的繁荣？当然，恺撒毕竟是奴隶主阶级的代言人，他的所作所为，一切都是从奴隶主阶级的利益出发，而不是从广大劳动人民的利益，特别是奴隶的利益出发。当剥削阶级与被剥削阶级的矛盾发生和激化时，恺撒决不会，也没有站在劳动者的立场上说话。这或许就是人们通常所说的"局限性"所在。

其次，恺撒为什么能够战胜众多政敌，成功地夺取罗马最高统治权，成为人们讨论的另一个热门话题。有人强调恺撒出身及其周围人物对他的影响，有人注意恺撒的天才和能力，也有人看到了恺撒的机遇。应该说，恺撒的成功是多种因素促成的，只强调某一点只能产生偏见。在恺撒的政敌中，如苏拉、庞培、克拉苏、西塞罗、布鲁图等等，有的出身贵族豪门，有的出身下级平民，有的才华横溢，有的优柔寡断，有的具备夺取罗马政权的机遇，有的富有帝王的才干。

然而，他们都失败了，而只有恺撒是成功者。那么，恺撒成功的奥秘在哪里呢？笔者认为：第一，恺撒抓住了"人心向背"这个最重要问题，他在成功之路上首先取得民心，包括平民、贵族和军队。不论他在法庭揭露贪官污吏，还是在高卢为异族争取公民权，都是在为自己的将来打基础。恺撒的经历再一次证明了"水能载舟，亦能覆舟"这句中国古老格言。第二，恺撒手中有一支所向无敌的军队。作为一个军事家，恺撒不仅能征善战，既有计谋又有胆量，而且有一套笼络人心的有效手段，这是他的军队对他无比忠诚的保证，而军队的忠诚与否又决定了这支军队勇敢与否。例如，当时罗马许多人当兵是为了取得军功赏赐，特别是赖以生存的土地。恺撒对此十分清楚。所以，他不止一次地对部下许诺，他一定能为他们取得土地，哪怕是买，他也要为老兵们买一份土地。正是这种手段，把士兵们牢牢地拴在恺撒的战车上，使之为恺撒卖命。但与此同时，恺撒又军纪严明，赏罚有别，令将士们心服口服。在与庞培的内战期间，曾有恺撒的第九军团发生哗变的突发事件，原因是那些老兵厌战，要求尽快结束战争和兑现恺撒的那些许诺。恺撒弄清情况后，决定根据"父祖相传的法律"对军团进行严惩，处死他们中的1/10。当时，整个军团都哭了，他们匍匐在地上，请求恺撒宽恕。最后，恺撒决定只处死那些为首者，总计从120人中选出12人处死。当恺撒发现被决定处死的12人中，有一个士兵是被人诬陷的时候，恺撒当即决定，释放了那个士兵，而把诬陷者处死。这件事说明，恺撒很懂得如何让军队忠实于自己。

最后，让我们谈谈一个十分重要，但同时又是一个最有争议的问题，即恺撒的"仁慈"政策问题。在古代罗马，对外征战是每个罗马公民的天职，对敌人只有憎恨，杀死，或者俘虏并使之变成奴隶，绝无仁慈可言，这正是罗马高级官吏的标志由一束木棍中间插一把斧头来表示的原因（这种标志的拉丁语发音，音译成汉语即"法西斯"。后来，人们用"法西斯"这

杀死恺撒之后，罗马发生骚动

种称呼说明残暴的统治）。在恺撒的十几年征战中，他到过高卢、不列颠、亚洲、非洲和欧洲的巴尔干、西班牙等地，打仗、杀人，这都是常事，但人们仍然认为，恺撒是仁慈的。例如，在征战高卢时，埃尔维提亚人曾保证帮助恺撒，共同对付入侵的日耳曼人。但后来恺撒发现，埃尔维提亚人首领的弟弟，竟是里通外国者，与日耳曼人有联系，因而使罗马人吃了亏。恺撒并没有因此采取粗暴手段，而是说服这个人改邪归正，为罗马人干事。至于在高卢战争和内战当中，恺撒释放战俘、赦免妇女和儿童，甚至自己的死对头的记载，还有许多许多。笔者认为，恺撒的超人之处，正在于他有能力、有胆量、有智谋地干一些常人办不到的事情。这里，问题的关键是，恺撒考虑问题往往是从长计议。这是恺撒多次表现仁慈的根本所在。为了争取民心，多一些仁慈总比多一些残忍要好。因此，《高卢战记》和《内战记》中的关于恺撒仁慈的记载是可信的。但是，这并不是说恺撒是一副菩萨心，对什么人都发慈悲。例如，公元前82年，恺撒曾为躲避苏拉的迫害而流浪各地，还到过小亚细亚。后来，恺撒在从小亚细亚回罗马途中，在大海上遇到了海盗。当时，海盗向恺撒勒索20塔兰特（一种罗马货币单位），而恺撒却给了海盗50塔兰特，以求赎得自由。而且在他被海盗绑架期间，他竟能使海盗们听他朗诵自己写作的诗歌和演说词。在他躺下休息时，海盗们竟听他的要求，不许喧哗。然而，当他被释放之后，恺撒很快带兵前来，捕捉了那些海盗，并把他们全部处死。无须多言，恺撒的仁慈是有原则的。话又说回来，仁慈不仁慈只能相对而言，在你死我活的斗争中，对敌人当然无任何仁慈可言；而在正常情况下，仁慈当然是一种美德。

历史就是这样，千秋功罪任评说。作为一个历史人物，恺撒无法表达他本人对各种评说的看法，历史上的恺撒也不会因为评说而变成另一个恺撒，但恺撒的业绩却是永存的。

← 尊崇为神的恺撒大帝的坟墓和神庙